心理健康分类教育丛书
丛书总主编 黄跃群

健康
从心开始

JIANKANG
CONG XIN KAISHI

主编◎江雪华 柳 维 副主编◎黄 勇

暨南大学出版社
JINAN UNIVERSITY PRESS

中国·广州

图书在版编目（CIP）数据

健康从心开始／江雪华，柳维主编；黄勇副主编. —广州：暨南大学出版社，2016.12

（心理健康分类教育丛书）

ISBN 978－7－5668－1987－1

Ⅰ.①健… Ⅱ.①江…②柳…③黄… Ⅲ.①犯罪分子—心理健康—健康教育 Ⅳ.①D916.7

中国版本图书馆 CIP 数据核字（2016）第 265485 号

健康从心开始

JIANKANG CONG XIN KAISHI

主　编：江雪华　柳　维　副主编：黄　勇

…………………………………………………………………………………………

出 版 人：徐义雄
策划编辑：苏彩桃
责任编辑：苏彩桃　尹　敏
责任校对：刘慧玲
责任印制：汤慧君　周一丹

出版发行：暨南大学出版社（510630）
电　　话：总编室（8620）85221601
营销部（8620）85225284　85228291　85228292（邮购）
传　　真：（8620）85221583（办公室）　85223774（营销部）
网　　址：http：//www.jnupress.com　http：//press.jnu.edu.cn
排　　版：广州良弓广告有限公司
印　　刷：湛江日报社印刷厂
开　　本：787mm×960mm　1/16
印　　张：8.75
字　　数：160 千
版　　次：2016 年 12 月第 1 版
印　　次：2016 年 12 月第 1 次
定　　价：29.80 元

《健康从心开始》编委会

序　一

在以健康中国作为发展战略的大背景下，“心理健康分类教育丛书”（以下简称“丛书”）即将正式出版，这是我省监狱系统心理健康矫治教育史上的一件大事和喜事！该丛书首次全面、系统、科学、规范地对服刑人员心理健康教育各个方面进行开拓性的探索，其中来自工作一线的系列创新实践，极大地丰富了心理矫治教育内容，填补了我省服刑人员心理健康教育的空白。

“要加大心理健康问题基础性研究，做好心理健康知识和心理疾病科普工作，规范发展心理治疗、心理咨询等心理健康服务。”这是2016年8月习近平总书记在全国健康与卫生大会上的嘱托和厚望。加强心理矫治理论和方法等基础性研究，对于担负着教育人、改造服刑人员重任的监狱系统来说更是刻不容缓、任重道远。

社会所需，学术所为。本丛书的问世，具有超前性、实用性和知识性，契合了健康中国的新主旨，也较好地满足了监狱心理健康矫治教育的迫切需求。服刑人员的心理健康，关乎社会的安定和谐，需要心理健康教育者、监狱管理者、医务工作者等多学科人员的齐心协力，汇聚智慧，创新探索。本丛书的问世，在心理健康教育体系建设和规范化矫治上具有前瞻性，在加强服刑人员心理健康矫治教育上具有实用性，在提升服刑人员的心理健康素养上具有知识性。

实践为基，成果共享。本丛书夯实了心理健康研究的基础性、科学性和权威性。丛书的作者跨条块、跨领域、跨身份的合作研究，既接地气，又显生气。丛书从情绪管理入手，延伸到身心健康、人际关系、婚姻家庭、环境适应、职务犯矫治和“三观”教育的探索，把基础性研究做得扎实科学，使之成为指导实践、促进矫治的金钥匙。

本丛书开职务犯心理矫治教育的先河。职务犯心理矫治是监狱系统一个全新的课题。本丛书以心理学相关理论为基础，运用专业的心理咨询、辅导和治疗的方法，对职务犯的犯罪心理进行了深入的探究，开出了职务犯自我认知障碍与矫治、社会认知障碍与矫治、情绪障碍与矫治和适应障碍与矫治的药方，为其消除违法犯罪的心理结构、修正行为模式、顺利完成服刑改造并回归社会提供了实用性的指导，为监狱警察的矫治实践提供了专业性的指引。

本丛书开创了心理矫治教育的新视角。本丛书的主编及参编作者主要是当前活跃在心理矫治领域的一线专家和青年才俊，具有扎实的学术功底和丰富的实践经验，而且取得了许多颇具价值的理论成果。他们从情绪、人际、环境、身心、生活、回归的角度切入，导入创新的端口，给心理矫治带来新视野、新思维、新路径。

本丛书内涵丰富。在编写这套丛书的过程中，作者注意吸收近年来心理健康矫治教育的最新成果，注意国内外学术发展的最新动向，力争使丛书内容能够站在世界的学术前沿，反映心理矫治教育成熟的理论。值得欣慰的是，整套丛书将学术性、新颖性、应用性和可读性有机结合起来，以期更好地推动心理健康矫治教育的开展。

强化心理健康意识，普及心理健康生活，优化心理健康教育，建设心理健康环境是“监狱人”的所盼所归。把服刑人员改造成心理健康、遵纪守法的新人，是社会赋予我们的责任。健康中国，健康狱园，是我们的热切期待。愿本丛书的出版能为加快健康中国、和谐中国的建设添砖加瓦。

以服刑人员心理健康矫治为出发点，从“1”发轫，促进服刑人员身心健康，推进健康狱园建设的新征程已经开始，这必将为服刑人员带去更多、更广、更公平的健康福祉。丛书的出版，良可志贺，特为之序。

*

2016 年 11 月 22 日

* 李景言：广东省监狱管理局局长。

序　二

心理健康教育与心理咨询是一项思想性和技术性都很强的工作，不同的社会环境，不同的社会阶层，不同的群体，其心理状况各有特点。如何结合工作对象的特殊性开展心理健康教育和心理咨询的理论与技术研究，是应用心理学界需要不断创新探索的课题。

人之初，是性本善还是性本恶，或是不善也不恶？这种关于人性的基本假设不仅是哲学、伦理学探索的课题，也是心理健康教育与心理咨询工作取向的出发点。一个人为何会犯罪？是人性恶之本源作祟，还是善心缺乏栽培和引导？服刑人员虽然身在监狱，但是否心服口服，真正认识到了自己犯罪的渊薮？事实上，将自己犯罪的原因外归因还是内归因十分重要，这几乎决定了服刑人员未来出监后的发展方向，是痛改前非还是故伎重演、重走老路？由此可见，监狱心理矫治工作在提高服刑人员改造质量，降低服刑人员重新犯罪率，帮助他们更好地适应环境等方面担负有极其重要的功能。

心理健康教育与心理咨询工作治病救人犹如医学一般，但以往的监狱心理健康教育常有教育内容针对性不强、分类不够清晰等不足，因此，如何围绕心理健康教育对象的心理问题，辨证施治，分门别类地给予有针对性的教育与实施心理矫治工作，就需要教育理念、教育载体、教育内容与方法手段的创新。正如现代医学模式正从生物医学模式朝向生物心理社会医学模式转型升级一样，监狱心理健康教育与心理矫治工作也需要通过不断的创新驱动来实现水平的提升。

我们可喜地看到，在广东高校心理学专家教授、医院心理医生与监狱从事心理矫治警察的跨界融合、协同创新之下，“心理健康分类教育丛书”付梓了。这套丛书凝聚了专家学者和监狱警察的心血和智慧，把创新发展理念付诸实践，促进心理矫治工作创新发展，对于监狱心理矫治实务工作将带来积极的影响，可喜可贺！

该丛书作者勇当分类教育创新的探索者、实践者和推动者，坚持以创新理念统领丛书，把分类教育的规律性作系统化归纳，把教育内容的丰富性作专业化总结，把教育形式的创新性作科学化提升，编写出一套“既接地气，又服水土，融合创新”的心理健康分类教育丛书，打造心理矫治教育的“新蓝海”。该丛书共分七部：《健康从心开始》《生存　生活　生命》《人际关系与沟通》《情绪管理训练》《职务犯心理矫治》《亲情与我同行》《环境用心适应》，涵盖了服刑人员的身心健康，世界观、人生观和价值观教育，人际关系，情绪管理，职务犯心理矫治，婚姻家庭，环境适应七个方面的探索，具有较强的基础性、理论性和可操作性。丛书的出版，开创了高校与监狱合作编写教材的先河，填补了监狱系统心理健康分类教育专属教材的空白，是心理健康分类教育的引领之作，对于提高监狱心理健康矫治工作的专业化和规范化水平将起到积极的指引作用。祝愿“心理健康分类教育丛书”能成为服刑人员重新认识自我、提高心理素养的精神食粮和良师益友，成为监狱心理矫治人员专业工作的指南。

谨以为序。

邱鸿钟*

2016 年 11 月

---

* 邱鸿钟：广东省心理卫生协会副理事长、广东省高校心理健康教育与咨询专业委员会主任、广州中医药大学教授、博士生导师。

前　言

人是由身体和心灵共同构成的完整生命体，人的心理活动和机体的生理功能之间存在着一定的联系。对于健康人群来说，良好的情绪可以促进个体采取更多的健康行为方式，使身体处于最佳状态，降低患病的危险因素。而不良情绪则会降低某些生理功能，使人体免疫系统发生紊乱，从而引发各种身体疾病。对于患病个体而言，积极的情绪和良好的精神状态可促进疾病的好转和痊愈，而异常的心理状态又往往是病情加重或恶化的重要原因。中医典籍《黄帝内经》有云，“精神不进，志意不治，故病不可愈”，“恬淡虚无，真气从之，精神内守，病安从来”，强调了人的精神情绪调节在维护健康方面的重要作用。

心身或身心之间常常相互影响。病由心生、心随身变、无病呻吟与痴人呓语分别反映了心身疾病、身心疾病、躯体形式障碍、与躯体有关的精神病性妄想的特点。

心身疾病是指那些发病和心理因素密切相关，主要由自主神经所支配的器官和组织，并导致这些器官或组织发生功能障碍及结构改变的一组疾病。目前已经明确，由于情志失调引起的心身疾病数量众多、范围甚广，涉及内、外、妇、儿、皮肤、五官等几乎所有的临床科室。例如在现代疾病分类中，原发性高血压、糖尿病、冠心病、心绞痛、消化性溃疡、支气管哮喘、慢性非特异性结肠炎、胃神经官能症、癌症、性功能障碍、湿疹、神经性皮炎等疾病的发生都与情绪因素密切相关。

身心疾病是因人的机体发生了生理改变而引发的个体心理、行为上的变化，例如脑外伤、颅内感染、老年痴呆、甲状腺功能亢进或低下、更年期综合征等。这些疾病均是由生理变化而导致心理、行为的变化。

躯体形式障碍是指以躯体症状为主要表现的一类心理疾患，核心症状即躯体化。主要特征是病人反复求医，反复向医生陈述躯体症状，不断要求给予医学检查，但无视反复检查的阴性结果，不管医生关于其症状并无躯体基础所做的再三说明。即使患者有时存在某种躯体疾病，但其所患躯体疾病并不能解释其症状的性质、程度、患者的痛苦与先占观念。这些患者症状的出现往往和长期存在的不愉快生活事件或内心冲突密切相关，但患者通常拒绝探讨心理原因，常有一定程度寻求注意的行为。躯体化障碍患者出现较多的症状是头痛和心慌、消化系统症状（疼痛、打嗝、反酸、呕吐、恶心等）、异常的皮肤感觉（痒、烧灼感、刺痛、麻木感、酸痛等）、性方面的申诉。疑病症患者认为自己可能患有一种或多种严重的进行性躯体障碍，注意力仅集中在身体的一两个器官或系统上，频繁更换医生寻求保证。躯体形式的自主神经紊乱患者则具有明显的自主神经兴奋症状（如心悸、出汗、脸红、震颤），又有非特异的症状附和了主观的主诉，如部位不定的疼痛感、烧灼感、沉重感、紧束感、肿胀感。患者坚持把这些症状归于某一特定的器官或系统，但经检查并不能证明有关器官或系统出现了器质性疾病。持续的躯体形式的疼痛障碍患者则强调持续、严重、令人痛苦的疼痛，不能用生理过程或躯体障碍完全加以解释，疼痛可见于任何部位，其中头部和腰背部最为常见。

与躯体有关的精神病性妄想则有疑病妄想、影响妄想等。有疑病妄想的患者常把注意力集中在他认为有病的部位，任何轻微的不适都会引起患者强烈的情感反应。在妄想的支配下，他们对这些身体疾病的真实情况没有正确的认识，仅依靠主观体验做出主观的判断，并做出一些在常人看来很不可思议或违反常理的事情，生活方式可能有所改变。有影响妄想的患者体验到自己的思想、情感和身体均被外界力量控制和干扰，不能自主。

以上述四种情况为基础，本书共分为病由心生、心随身变、无病呻吟和痴人呓语四章，分别介绍心身疾病、身心疾病、躯体形式障碍、与躯体有关的精神病性妄想的表现、影响因素与机制、诊断与评估、心理干预。

本书是心理健康分类教育丛书中的一本，主要阅读对象为干警与服刑人员。为了便于阅读、理解、操作与借鉴，本书力求做到文笔流畅、概念准确、内容适当、通俗易懂。

编　者

2016 年 10 月

目录
Contents

第一章

病由心生

第一节　病由心生：这是一个事实

有一个脾气很坏的男孩，他父亲给了他一袋钉子，并且告诉他每当他发脾气的时候就钉一颗钉子在后院的围栏上。第一天，这个男孩钉下了37颗钉子。慢慢地，每天钉下的钉子数量减少了，他发现控制自己的脾气要比钉下那些钉子容易。终于有一天，这个男孩再也不会失去耐性，乱发脾气。他告诉父亲这件事情，父亲又要求他，从现在开始，每当他能控制自己脾气的时候，就拔除一颗钉子。一天天过去了，最后男孩告诉他的父亲，他终于把所有钉子都拔出来了。父亲拉着他的手，来到后院说："你做得很好。但是，看看那些围栏上的洞，这些围栏永远不能恢复到从前的样子。你生气时说的话就像这些钉子留下的疤痕。如果你拿刀子捅别人一刀，不管你说多少次对不起，那个伤口都将永远存在。话语的伤痛就像刀子的伤痛一样令人无法承受。"

一、坏心情是一种"病毒"

情绪是人对客观事物是否符合自己的需要而产生的态度体验，是客观事物与主观需要关系的反映，它有喜、怒、哀、惧等不同的表现形式。现代医学和心理学的研究成果表明，情绪不仅对人的心理健康有影响，而且对人的身体健康也有直接的影响。

情绪会影响人们的个性发展。长期生活在抑郁、忧郁或恐惧下的人性格古怪，与人交往能力差，不受欢迎。情绪会影响人们对自我的认识和评价。情绪消极时，人会降低对自我的评价，会做出"我总是失败的""我没有能力"这样的归因。情绪会影响人们的认知思维水平，阻碍正常的思考学习。紧张、恐惧、烦躁的情绪会阻碍问题解决的速度，乐观平静的情绪有助于冷静思考。焦虑紧张的情绪如果不进行适当的调节就会形成"习得性无助"，导致对某一问题总是束手无策。

人在激动时皮肤会潮红发热，在紧张或愤怒时皮肤会苍白冰冷。如果人的情绪发生剧变还可导致皮肤过敏，甚至会因此而影响到毛发健康。情绪可以改变内分泌和神经系统功能，影响精神健康。经常紧张忙碌、不顺心，会使人体出现失眠、脱发甚至神经衰弱等系统失调的症状。

在我国古代，情绪通常被称为“情志”。《白虎通·情性》一书中有“六情”之说；《黄帝内经》提出“五情学说”（即“喜、怒、悲、忧、恐”），并有言“五精所并：精气并于心则喜，并于肺则忧，并于脾则思，并于肾则恐”。宋代医家陈无择综合了《黄帝内经》中的各种说法，提出了“七情”说：“七情者，喜、怒、忧、思、悲、恐、惊是也。”七情过度均可引起疾病。愤怒、悲伤、忧虑、思念、恐惧等情绪过度或长期受压抑可导致人体各系统功能紊乱，引起高血压、冠心病、慢性胃炎、胃十二指肠溃疡、经前期紧张症、神经官能症、精神分裂症、癌症等疾病。因而中医把“七情”作为内伤杂病的主要病因之一。

中医认为：“怒则气上”——过度愤怒伤肝，气迫血升，血随气逆，则呕血，甚则昏厥。“喜则气缓”——正常情况下，喜悦是一种良性刺激，能缓解紧张情绪使气血和调。但暴喜过度则使心气涣散，轻则心悸失眠，重则神不守舍。“悲则气消”——悲伤过度，耗伤肺气，常导致声低息微、呼吸不畅。“恐则气下”——过度恐惧则伤肾，致使气陷于下而不升，肾气不固，可见二便失禁、遗精滑泄等。“惊则气乱”——突然受惊，则心气紊乱、气血失调，使心无所倚，神无所归，惊慌失措。“思则气结”——思虑过度，劳神伤脾，中焦不畅，脾失健运，可见食欲不振、倦怠乏力等。

二、好心情是一剂良药

苏联生理学家、诺贝尔奖获得者巴甫洛夫说：“愉快可以使你对生命的每一跳动，对于生活的每一印象易于感受，不论躯体和精神上的愉悦都是如此，可使身体发展、健康。”

有关研究表明，人体内最能促进身体健康的力量，就是良好的情绪。如果善于调节情绪，经常保持心情愉快，就可以未雨绸缪，取得有病早除的效果。好的情绪可使机体生理机能处于最佳状态，使免疫抗病系统发挥最大效应，抵抗疾病的袭击。许多医学家认为：躯体本身就是良医，85%的疾病可以自我控制。因此，有的心理学家把情绪称为“生命的指挥棒”“健康的寒暑表”。

美国俄亥俄州立大学的研究人员发现，坠入爱河会使人神经生长因子水平处于增高状态。这一类似激素的物质会刺激新的脑细胞生长，有助于神经系统的恢复并增强记忆力。而开怀大笑能使人减轻心理压力，有利于保护血管内壁，减少心脏病发作的概率。另外，动情痛哭会分泌更多激素和神经递质，去除体内压抑的化学成分。

坠入爱河、开怀大笑、心怀感激的人在情志上的表现是愉悦的心情，也就是“喜”的情绪。心主喜，所以“喜”与心相关。中医理论说“心主血藏神”。神明之心为人体生命活动的主宰，五脏六腑必须在心的统一指挥下才能进行统一协调的生命活动。心情愉悦，心气充足，思维活跃，脏腑活动正常，身体当然健康。同时，“哭”这种情绪本身是负面的，但是当人哭过，把悲伤宣泄出来后，人的伤感会减少，对身体脏腑功能的负面影响减少，也有益于人体健康。

三、不同的人格类型易患不同的疾病

20世纪80年代，心理学者提出了A、B、C、D四种与心身疾病患病概率密切相关的人格类型。

Friedman和Rosenman（1959）提出“冠心病易患模式”，简称A型行为类型（TABP），此类型的人与冠心病发病有关。他们将“行为类型”定义为面临环境事件时所表现的特异性活动与情感的复合体。他们关于TABP与冠心病（CAD）病因有关的主要依据是CAD患者中TABP者的人数为B型行为类型的2倍。这些人具有争强好胜、时间紧迫感强、急躁与敌意四大性格特征，称为A型性格。此种性格的人自我实现的需要强烈，整日忙碌不堪，感到时间不够用，干活不知道休息，动作快但缺乏耐心。对排长队、车速慢而耽搁时间等事情常易发火，好争吵，不知道料理自己，也不知道享受生活，情绪易紧张。

上海第二医科大学曾对4万名健康个体进行调查，发现当今社会A型性格人群数量有所上升。以上海地区为例，1984 年 A、B 型人群数量比例为 7：10，而到 1999 年时已经跃升至 16：10。A 型性格人数的增多似乎和现代社会的竞争加剧密切相关。国内有关资料表明，A 型性格的人占冠心病人数的 70.9%。

一学者对 100 多名企业人员进行长期观察发现，约有 75% 的人冠心病发作的主要原因是过度操劳和精力消耗过大，他们在紧张工作期间血中脂质水平明显升高。观察还发现大多数患者属于 A 型行为模式，其特征为：①为取得成就而努力奋斗；②富有极大的竞争性；③性格急躁；④有时间紧迫感；⑤语言和举止粗鲁；⑥对工作和职务提出过多的保证；⑦有旺盛的精力和过度的敌意。

近代研究越来越细化，研究人员不再按照简单的性格分型来做解释。对于性格和疾病的关系，他们做了更细致的分析。现在已有切实证据表明，在 A 型性格的人中，最易导致心血管疾病形成的原因是“愤怒”和“敌对”这两种心理因素。

B 型性格的人一般不容易发病，因为他们很满足于现状，知足常乐，内心很平静，没有大的情绪波动。

Baltrusch 于 1988 年首先提出 C 型行为这个概念。C 型行为的主要特征：①童年压抑，如幼年丧失父母，缺乏双亲的抚爱。②行为特征表现为过分合作、过分忍耐、回避矛盾、自生闷气、怒而不发、过分焦虑、克制姑息等。Baltrusch 认为有 C 型行为的人，其癌症发生率比非 C 型行为者高 3 倍以上。C 型行为可以通过降低机体免疫力、代谢障碍和损伤人体的自然修复过程而诱发恶性肿瘤。癌症患者则常将不愉快的体验指向自身，表现出忧郁、失望、悲哀、情感表达贫乏和情绪压抑等性格特征。

对癌症的医学心理学研究表明，长期处于孤独、矛盾、抑郁和失望情境下的人易患癌症。如研究机构对 1 337 名医学生进行追踪观察，发现 48 名癌症患者都具有共同的人格特点，即内向、抑郁、愤怒和失望。

与 A 型性格相比，D 型性格发现得相对较晚。荷兰学者 De－noUet 在长期工作中发现，有一群特别的患者，他们康复起来速度慢，而且特别容易再次发作，且死亡率比其他患者高。经研究，他于 1996 年提出了“D 型人格”的概念。D 型人格又称“忧伤人格”，其最明显的表现是消极忧伤和孤独压抑。他们经常感到烦躁、紧张，会无缘无故担心，而且对自我抱有消极观念。在他们眼里，这个世界冲突迭起。另外还表现为退缩。他们总是窝在自己的圈子中，不愿意跟他人交往，即使交往也往往有很多顾虑，而这些正是心血管疾病的重要心理危险因素。D 型性格的提出，既是对以往与疾病相关的 A、B、C 型性格概念的扩展，也是对已有性格和心血管疾病关系研究证据的整合。

一般认为，人格特征对心身疾病发病产生影响，是因为患者常依其人格特征来体验疾病并建立了对特殊应激的反应模式。然而，同样的疾病发生在不同人身上，其病情表现、病程长短、转归都可能不同。

扩展阅读

心身医学（psychosomatic medicine）是研究心身相互关系的科学。它的狭义概念是研究心（心理）和身（躯体、器官）之间的相互关系及其在疾病的发生、发展和转归中的作用，主要的实际研究领域是心身疾病，涉及心身疾病的基础和临床问题。广义的概念是研究正常和异常的心理与生理之间的相互作用，为疾病的多因素发病机制提供科学的理论基础，涉及医学领域所有涉及心理与生理关系的问题。

心身医学概念的形成是基于众多学者在心理、躯体、社会文化以及神经心理、心理生理等多方面的研究成果。巴甫洛夫与坎农等生理学家以及其他精神病学家、临床医学家、神经内分泌学家和心理学家等为心身医学提供了方法和理论，使心身医学的理论框架更为完善。

在中国传统医学中，虽然没有心身医学的名称，但“形神合一”“情志致病”“三因发病论”“情志治病”“养生保健”等概念充满了现代心身医学的内涵。心身相关的思想始终贯穿于中医理论中有关病因、病机、疾病预防诊断、治疗的各个环节。

第二节　不良情绪导致心身失衡

一、心都快蹦到嗓子眼了

某男，51 岁，因“反复胸闷心悸 2 年余，再发 1 小时”来院急诊。患者近两年无明显诱因，时突发胸闷心悸、头晕乏力，但无明显胸痛、恶心呕吐及咳嗽、咯血等症状。每次发作约持续20分钟，经卧床休息可自行缓解，间隙时如常，一直未多加重视。1小时前在干活过程中突然出现胸闷心悸，伴头晕、全身无力，休息后也未缓解。

人们一般认为，心血管疾病多是由身体病态、老化导致。实际上，心理因素在心血管疾病发病中也起到了非常重要的作用。心血管疾病在特定性格特征的人群中发病率特别高，这也说明了心理因素的重要性。

心血管系统疾病最常见的症状是心悸、心痛、气短。其中，心悸是最常见的症状。在受惊吓、情绪激动或久病等情况下，患者能感觉到心跳、心前区搏动和心前区不适。入睡前、欲醒和刚醒时，以及情绪波动等状态下最易发作，过度劳累或情绪改变可使之加重。它与心理社会应激和心脏的节律紊乱有关，各种心理社会因素都可以导致心律失常，在丧偶、职业和生活环境变化等紧张刺激下尤易发生。心律失常患者的个性特征是对自己情感和动机缺乏了解，以自我为中心，易焦虑、激惹、愤怒。研究表明，室性心律失常患者患病前普遍存在负性情绪体验，最突出的是焦虑、抑郁、敌对。

观察表明，原发性高血压患者常有对别人评价的高敏感性、过多猜疑、联想和愤怒等情绪反应；对批评或侮辱等伤害性刺激不能宽容，长期耿耿于怀；因为多疑，常常将别人无意或友好的言行误解为敌意或轻蔑，产生歪曲的体验；受抑制的愤怒、敌意情绪的反应模式通常是表面平静，背地里却伤心流泪或心生嫉妒；好胜心强，自尊心强烈等人格特征。

各种情绪因素，特别是愤怒、恐惧、焦虑均可使血压升高，而沮丧或失望时血压的变化相对较轻。另外有调查显示，高血压、冠心病与A型行为有很大关系，A型行为者发病率是B型行为者的两倍。观察表明，脑力工作者和长期从事竞争性强、责任重大的工作群体高血压发病率高。生活变故和创伤等生活事件与持久性高血压有关。

二、肌肉紧张，痛感放大

某男，35岁，小学文化，因抢劫罪被判15年，有车祸史，三年前抢劫时摔伤背部。近一个月来自觉腰背部疼痛并逐渐加重，吃止痛药和用止痛贴效果不佳，近两日不能自己起床，要别人扶。来院检查，未发现腰椎及附近关节有异常情况。患者坚持认为三年前外伤导致“神经线”受损，不是自己装病。后经与监管干警了解，一个月前家人告诉患者其妻子现在经常不回家，小孩子也没人管，父母也年纪大了，身体很差。

肌纤维疼痛综合征是一种原因不明、以全身广泛疼痛和明显躯体不适为主要特征的一组临床综合征，经常会有疲劳感、睡眠障碍、晨僵、抑郁和焦虑等精神症状。临床上，以疼痛为主要核心症状，疼痛呈弥散性，难以准确定位，多发区为腰、颈部，局部会有压痛感，对按压非常敏感。患者还感到疲劳，伴有睡眠障碍和情绪障碍，例如情绪低落、对自身的身体状况过分关注，甚至焦虑抑郁、注意力难以集中、记忆力下降等。

肌纤维疼痛综合征具体原因不明，但很多研究表明社会心理在该病的发生和发展中具有影响作用。临床医生发现很多的肌纤维痛的患者大多有“强迫型”人格特征，其病前具有异常活跃的生活。国外也有研究者说过患者具有完美主义者的态度。已有调查发现，经济状况差、教育水平低的人群发病更加普遍；日常生活上，经常通过互联网来获取社会支持的人群患病也较普遍。如果患者通过自我心理调节，放松心情，解除顾虑，可以在肌肉舒缩的同时改善肌肉紧张疼痛的症状。患者要培养多方面兴趣，多与人交往接触，以消除抑郁焦虑情绪，夜间入睡也会更加容易。有研究表明，人们的精神状态和心理因素会影响疼痛，精神障碍患者患有这种疾病的概率会增加。还有研究指出，患者内在的积极防御不成熟，面对生活困难情景的能力不足，致使患者感到压抑，内心产生冲突，继而转换为躯体固着的疼痛和疑病恐惧。更有严重者患有躯体形式障碍。

男孩蔡某，17岁，高三学生。由于学习紧张，思想压力过大，上高二时就出现了头痛、头胀、失眠等症状。眼看高考将近，焦急的家长带他四处求医，在当地医院多次进行脑电图及CT等检查也未见异常。治疗无效且还出现头昏眼花、心慌胸闷、烦躁易怒、恐惧胆小等症状。

紧张性头痛的临床特征是头部呈钝痛，有压迫感，很多病人描述为紧箍感。患者常因睡眠不足、精神压力过大、情感冲突、焦虑和抑郁诱发或加重病情，表现为疼痛次数增多、疼痛时间变长，但不会因为体力劳动而加重。

长期伏在桌上工作，头部肌肉一直处于紧张状态，肌肉得不到放松，容易得病；脑力劳动的人群，用脑过度，精力透支，常有头胀、失眠、记忆力下降的现象发生。

遭遇重大的生活转折和紧张的人际关系会引起个体过度的紧张和焦虑或抑郁情绪，导致头颈部肌肉持续的紧张收缩引起疼痛感或急性紧张性头痛。

周围人群对头痛的注意、关心、焦虑和暗示等容易对患者造成一定的影响，可减轻或加重疼痛感。

三、憋闷，呼吸不畅

某男，61岁，患发作性哮喘50余年，已加重10天。患者于50余年前无明显诱因地出现发作性哮喘，以呼气性呼吸困难为主，可自行缓解或服药后缓解，未系统诊治。青壮年时期上述症状不再发作。近5年来哮喘发作频繁，闻刺激性气味如花粉、油烟味以及冷空气后可诱发，4年前曾就诊于医院，诊断为“支气管哮喘”，使用茶碱等药物可缓解症状。10天前患者闻油烟味后哮喘发作，伴有咳嗽、有少量黏性白痰。

支气管哮喘是呼吸道慢性炎症疾病。作为呼吸系统的常见病之一，以突然发作、突然停止为特征。临床表现多有反复发作的喘息、气急、胸闷或咳嗽等症状，常在夜间、清晨发作或加剧，多数患者可自行缓解或经治疗缓解。

目前我国的患病率为1% ~4%，儿童发病率高于青壮年，老年人群患病率有增高趋势。成年男女患病率相差无几。城市高于农村。约40%的患者有家族史。

哮喘可大致分为两类，外源性哮喘和内源性哮喘。外源性哮喘常见于幼年发病，具有明显的对多种过敏源的变态反应史。内源性哮喘常见于成年开始，倾向于常年发作，且较严重。

引起哮喘的过敏源很多，不同患者可有不同的过敏源，即使同一个人每次发作也可能由不同的过敏源引起。过敏源常见有花粉、灰尘、各种真菌、羽毛、煤烟、各种香料等。

大部分患者的发病都存在着一些社会心理因素的作用，其中影响最大的是负性刺激和不良的个性。特别是高危家庭，发病率比一般的家庭高，如单亲家庭、家庭关系不和睦或家里有人长期患病的情况。

哮喘的发病和病程的长短在一定程度上受病人情绪的影响。心情感到悲哀可使病人的气道收缩，诱发哮喘的发作。调查发现，患有哮喘病的人通常伴有心慌、头痛等症状，在情绪上比一般人更容易表现出抑郁、焦虑、恐惧等，都显示哮喘患者存在情绪不稳定的问题。

哮喘患者在人格特质上常表现为敏感和倾向于掩饰自己的问题，有着明显的述情障碍，即不能适当地表达情绪、区分情感和躯体感受能力低下、缺乏幻想，多为外向型思维。

精神质和内倾个性特征越明显的哮喘患者越难以认识和区分情绪和躯体的感受，并且外向型思维越突出。而过分的外向型思维会使患者对内心的冲突和欲望不能觉察，不能及时对自己的心态进行调整。内心压力不断增加，哮喘患者就表现出更多的精神质和内倾性格特征，如内向、孤独、缄默冷淡、缺乏情感投入、感觉迟钝、难以适应外部环境等。研究结果表明，和一般人相比较，哮喘患者多表现出以自我为中心、依赖性强、希望别人同情、过分要求别人照顾和注意、幼稚、情绪不稳定、焦虑、内向、易受暗示等。

患者多表现出过分紧张、忧虑、恐惧等。伴随这些情绪的反应会出现心悸、多汗、血压升高、皮肤发冷、肢体震颤等症状。长期的焦虑状态还会使身体的免疫力降低，影响哮喘的防治效果。患者常常自信心低下、情绪低落、对事物的兴趣减低、悲观厌世、社会活动能力降低，严重的甚至出现自杀想法等。相应的躯体表现有食欲降低、活动减少、全身倦怠和便秘等症状。

四、心情的镜子——胃肠道问题

某男，42 岁，农民，因胃部疼痛，疑胃肠糜烂，心烦、焦虑半年入院。病前性格内向、多虑、胆小怕事。每天吸烟 20 支，不嗜酒。平日家中事都由其父做主，入院前一年其父因胃癌去世，患者感到失落，压力增大并出现胃部不适、疼痛。当地医院检查为十二指肠溃疡，给予对症处理后仍不见好转。患者抑郁，怀疑胃肠烂了，虽经多家医院检查否定，但患者仍坚持己见。入院时经躯体及辅助检查确诊为十二指肠溃疡；精神检查，意识清醒，言谈切题；情绪低落，焦虑不安，反复纠缠医生要求给予治疗。

胃肠道被认为是最能表达情绪的器官。消化性溃疡病患者常有焦虑和抑郁的情绪表现。情绪的异常既可以是造成溃疡的原因，也可以是消化性溃疡病导致的一种情绪体验。由于溃疡病患者有易焦虑、依赖性强、常常压抑愤怒等人格特质。在长期的紧张刺激，如不良的工作环境、家庭不和、人际关系紧张、工作任务繁重、缺乏休息、眨眼不足等环境下，如遇到重大生活事件刺激，其消极的应对方式容易导致对自身健康的攻击。除了情绪反应外，被关心、被尊重、被理解等社会支持的心理需要比较强烈，社会支持的缺乏也是消化性溃疡的高发因素。

消化性溃疡主要是指发生在胃和十二指肠球部的慢性溃疡，也可发生在与酸性胃液相接触的其他胃肠部位。消化性溃疡是消化系统常见病，可发生于任何年龄。该病的临床表现有腹痛，主要症状是上腹部疼痛，疼痛范围比较局限，进食或服用制酸剂可以缓解；还有的患者可有饱胀、食欲下降、嗳气、胃灼热、反酸、恶心、呕吐等消化症状的表现。触诊时会发现上腹部某处有一压痛点。消化性溃疡病程长、发作和缓解相互交替，呈周期性发作的特点。它的并发症有出血、穿孔、幽门梗阻、癌变等。

研究普遍发现，有焦虑特质和高精神质的人易患消化性溃疡。溃疡患者在病前大多有以下的人格特点：工作认真负责，有较强的进取心，有强烈的依赖愿望，常常压抑愤怒，性格内向，易怨恨不满。具有孤独、自负、焦虑、抑郁等人格表现。患者多不好交际，行为上因循守旧、被动、顺从，依赖性强，缺乏创造性，情绪不稳，过分关注自身。

国内的学者发现，亲人亡故、配偶离异等生活事件是导致消化性溃疡的重要因素。初诊为消化性溃疡或复发的患者中，分别有 84% 和 80% 在症状发作前一周有严重生活事件的刺激。负性生活事件是消化性溃疡常见的心理诱发因素，负性生活事件使机体产生的应激促进消化性溃疡的发生和久治不愈。

在饮食习惯方面，酒、浓茶、咖啡、某些饮料和某些食物的摄入易导致消化不良的症状。长期无节制的饮食会引起消化性溃疡。不吃早餐、高盐饮食、饮食无规律、过度劳累等不良的行为习惯，都会影响消化性溃疡的发生和发展。

长期紧张、焦虑或情绪波动的人易患消化性溃疡。十二指肠溃疡病愈合后在遭受精神应激时，溃疡容易复发或发生并发症。十二指肠溃疡患者存在心理防御机制缺陷，较少使用成熟的防御机制，影响到个体的认知评价，应对能力下降。

五、恼人的皮肤病

某男，58 岁，大学文化，因犯受贿罪被判处无期徒刑，反复湿疹二年余。

自诉进看守所后胸背部出现大面积湿疹，治疗后好转，但反复发作。入狱后未再出现，一周前再次出现，给予对症治疗后症状未能缓解，且逐渐增多，现在胸背部及双侧大腿部均出现湿疹，瘙痒严重，不能入睡，伴有发热等全身症状。给予对症治疗后症状缓解但反复出现，患者很痛苦。追问病史，患者既往无皮肤病及过敏史，而是在被捕后心情焦虑苦闷，才开始出现湿疹。入狱服刑后，自觉监狱环境比看守所宽松一些，一切都已经尘埃落定，心情也好了很多。前段时间收到家里来信，说儿子受自己牵连丢了工作，现在心情很差，经常在外面喝酒，不管家里的事情；老婆身体不好，经常去医院看病；孙子学习很差。

慢性湿疹是一种皮肤病，常表现为皮肤发红、发痒，形成丘疹或水泡。久之患部皮肤肥厚，表面粗糙，呈苔藓样变，时轻时重，延续数月或更久，痊愈后容易复发。慢性湿疹好发于手、足、小腿、腘窝、股部、乳房、外阴及肛门等，多对称发病。

湿疹患者如果久病不愈，也能引起情绪变化。面、手、耳等暴露部位的皮疹容易使患者感到容貌难堪，羞于见人，深感自卑、抑郁、紧张，给患者带来精神压力和思想负担。有的患者因为皮疹广泛、严重瘙痒，情绪变得焦虑、烦躁不安。这些情绪变化通常会进一步加重皮疹和自觉症状，延缓病程。

湿疹的病因比较复杂，常因个体因素与发病的不同阶段而异。其诱因可分为外因和内因。外因有食物方面的如鱼、虾等；吸入方面的如花粉、尘螨、羊毛等；微生物方面，如体表球菌和浅表真菌等；生活环境方面的如月光、气候炎热、干燥、动物皮毛、皮屑；化学物质方面的如化妆品、肥皂、合成纤维等。内因有慢性感染性病灶、慢性胆囊炎、扁桃体炎、肠寄生虫、内分泌及代谢改变、血液循环障碍等。此外，个体素质也很重要。

心理社会因素也是湿疹发病的重要因素之一。临床研究发现，许多患者诱因与心理情绪变化有明显关系，如工作学习的过度疲劳或紧张引起的精神紧张；生活中的挫折、失败，刺激引起的精神负担过重；其他情况导致的焦虑、烦躁等。这些精神和情绪的变化可诱发或加重湿疹症状与自觉症状。

六、难堪的排尿异常

某男，24 岁，初中文化，因犯抢劫罪被判五年。有夜游史。近一个多月来，自觉尿频尿急、尿不尽，无其他症状。来院检查未发现有泌尿系感染、泌尿系结石和梅毒淋病等性病，给予对症治疗后症状未能缓解反而加重，出现尿裤子、夜间失眠等情况。反复在医院求治，多次检查未发现有异常指标。后经跟患者了解情况，发现患者近期有家人来探望，说父母年纪大身体差，问他什么时候能出监。车间新换了一批货，患者自觉完成任务有困难，心情烦闷，又跟其他服刑人员发生冲突被扣分，觉得自己减刑希望不大。

在精神过度紧张、情绪过度悲伤、压抑、激动等情况下，许多人都可能会出现尿急、尿频甚至不能排尿或尿失禁的现象。这些由精神因素引起的排尿异常，可统称为精神源性排尿功能障碍。

七、令人心烦的失眠

某男，43 岁，数日前不明原因出现夜间 11 点或次日 5 点醒后不能再次入睡，并伴有心烦，自觉精神飘忽不定，思虑万千，不能自已，痛苦万分。昨夜一晚未能入睡，自感全身困乏无力。

失眠是指无法入睡或无法保持睡眠状态，导致睡眠不足。包括各种原因引起的入睡困难、睡眠深度频度过短、早醒、睡眠时间不足、质量差，进而导致日间精神不振、反应迟钝、体倦乏力甚至心烦意乱，严重影响身心健康及工作、学习和生活，是睡眠障碍中最常见的病症。2002 年，我国流行病学调查显示，45.4% 的人群在过去 1 个月曾经历不同程度的失眠。失眠已经严重影响了人们的身心健康。

失眠分主观性失眠与客观性失眠，鉴别标准是自我陈述失眠的当事人是否真的有睡眠障碍。实际上，由于对睡眠相关知识了解不多或受一些错误信息的影响，有相当一部分失眠者是自我贴上了失眠标签。一般来说，受旅行、环境变化、衣被不适或偶然生活事件的影响出现短时间或一次性的失眠，不能算是病理性的问题。有些人因为对首次出现的一次性失眠症状太过担心恐惧，从而过度治疗，导致了安眠药依赖或成瘾。通常将当事人自我报告为失眠，但医生临床观察和家人在夜间观察却没有发现其失眠证据的现象称为主观性失眠。除了实际的睡眠时间，白天功能状态、有无做梦、夜间有无起床情况等都有助于辨别是主观性失眠还是客观性失眠，如有些人自我报告“虽然睡得很少，但白天也没瞌睡，精力还很旺盛”，有些人自我报告“整晚上都没睡，老在做梦”或“没睡着，但中间没起床”，这几种情况基本可考虑是主观性失眠。除自我陈述外，还可通过对家人、同室或同床者进行核实，了解自述失眠者睡时有无打鼾、说梦话、起床或频繁翻身等情况。如有人说失眠，但其同床之人却说他晚上基本没翻身，这种情况基本也属主观性失眠。观察自述失眠者的精神状态，面容是否憔悴、有无黑眼圈等也有助于鉴别。如果自我陈述失眠者精神状态很好，没有黑眼圈，面容也与常人无异，当属主观性失眠。

八、心身失衡的机制——神经内分泌失调

加拿大生理学家塞里经研究发现，在各种不同的严重干扰性刺激下，个体会通过一些非特异性的反应过程来适应，其适应过程与刺激种类无关。他于1936年将机体在这些刺激作用下出现非特异性反应称为应激，将这种非特异的反应称为“一般适应综合征”。

1. GAS的三个阶段

赛里认为GAS是机体通过兴奋腺垂体—肾上腺皮质轴（后来发展为下丘脑—垂体—肾上腺轴）对有害刺激所做出的防御反应的普遍形式。他将GAS分为警觉、阻抗和衰竭三个阶段。

（1）警觉阶段。

当机体受到伤害性刺激之后，会产生一系列生理生化的变化，以唤起体内的整体防御能力，故亦称为动员阶段。主要表现为肾上腺素分泌增加，心率和呼吸加快，血压增高、出汗、手足发凉等。此时，全身血液优先供应到心、脑、肺和骨骼肌系统，以确保机体处于“战”或“逃”的准备阶段。

（2）阻抗阶段。

生理和生化改变继续存在，合成代谢增强，垂体促肾上腺皮质激素和肾上腺皮质激素分泌增加，以增强对应激源的抵抗程度。在大多数情况下，应激只引起这两个阶段的变化，即可达到适应，机体功能恢复正常。

（3）衰竭阶段。

如果应激源持续存在，阻抗阶段延长，机体会丧失所获得的抵抗能力，

最终进入衰竭阶段。表现为淋巴组织、脾、肌肉和其他器官发生变化，导致躯体的损伤而产生所谓的“适应性疾病”甚至死亡。

2. 应激过程

一个应激过程可以分为四个部分：刺激（应激源）、中介变量、反应、结果。

（1）应激源。

根据应激源属性，将应激源分为：躯体性应激源、心理性应激源、社会性应激源、文化性应激源；根据社会生活情况，将应激源分为：生活事件、日常生活中的困扰、工作相关的应激源、环境应激源；根据事件对个体的影响，将应激源分为：正性生活事件、负性生活事件；根据事件的主客观性，将应激源分为：客观事件、主观事件。

（2）应激的中介变量。

包括个体对应激源的评价、个体易感性和心理应对能力等。

①认知评价。所谓认识评价是指个体对遇到的生活事件的性质、程度和潜在危害情况的觉察。对应激源和资源的认知评价直接影响个体的应对活动和心身反应，因而是应激源是否会造成个体应激反应的关键因素之一。

②人格特征。个体的人格特征影响个体的适应能力。人格发育不健全，应对应激的能力则差。虽然传统的应激理论模型中往往没有将个性因素列入其中，但个性因素在应激作用过程中所起的重要作用是显而易见的。实际上，个性与各种应激因素之间存在广泛的相关性，是重要的应激因素。

③社会支持。社会支持是指个体与社会各方面包括亲属、朋友、同事、伙伴等社会人以及家庭、单位、党团、工会等社团组织所产生的精神上和物质上的联系程度。在应激研究领域，一般认为社会支持具有减轻应激的作用，是应激作用过程中个体“可利用的外部资源”。社会支持对健康具有保护性作用，可以进一步降低心身疾病的发生和促进疾病的康复。普遍提高个体的社会支持水平将有利于促进健康。

④应对方式。由于应对方式可以被直接理解成是个体解决生活事件和减轻事件对自身影响的各种策略，故又称应对策略。一般认为，应对方式是个体对生活事件以及因生活事件而出现的自身不平稳状态所采取的认知和行为措施。

（3）应激反应与结果。

应激反应，是指个体因为应激源所致的各种生物、心理、社会、行为方面的变化，常称为应激的心身反应。应激一旦发生，无论它是由何类应激源引起的，都会导致心理和生理反应。心理应激对人的健康（生理、心理和社会适应三个部分）既有积极的影响也有消极的影响。心理应激对健康有着积极影响，它是个体成长和发展的必要条件，也是维持正常功能活动的必要条件。同样，心理应激对健康也有消极影响，如应激对机体的直接作用、应激对原发疾病的影响导致机体抗病能力下降。各类心理社会因素作用于人体，通过应激的中介机制作用后，经中枢神经系统评估而产生情绪。在神经内分泌系统和免疫系统共同作用下，可将精神因素转变为生理、躯体的因素，引发机体各器官系统反应。若应激因素持续存在可导致上述三个系统作用失衡，从而引起心身疾病。

关于心理社会因素与躯体生理功能之间关系的心理生物学机制，目前大致可以从神经系统、内分泌系统和免疫系统三个方面的中介作用来认识：心理社会因素—神经—内分泌—免疫—全身器官及其功能。

其中，神经内分泌和心理活动密切相关，许多心理疾病都存在内分泌异常，而许多内分泌系统的疾病，例如库欣综合征、艾迪生病、甲状腺功能亢进、甲状腺功能减退等，常常伴有精神障碍。神经心理内分泌学的大量研究证明，内分泌系统是心身相关的重要中间联系途径，在中枢神经系统内有许多神经肽通过各种神经内分泌轴起到重要的调节作用。

扩展阅读

中国常用的心身疾病分类

中国目前尚无心身疾病分类的统一标准。何裕民教授等结合我国的医疗现状，从心身疾病、心身症和心身障碍三个方面归纳出心身疾病分类方案。

A 心血管疾病

A－1 心身病：冠心病、原发性高血压、急性心肌梗死、心源性猝死、二尖瓣脱垂症、雷诺病；

A－2 心身症：冠脉痉挛（心绞痛）、β－受体高敏症、情绪性心律失常、神经性低血糖症、原发性循环动力过疲症、心脏性偏头痛、早期复极综合征；

A－3 心身障碍：血管神经症、功能性期前收缩、阵发性室性及室上性心动过速。

B 消化系统

B－1 心身病：溃疡病、慢性胃炎、溃疡性结肠炎、慢性胰腺炎；

B－2 心身症：急性胃扩张、胃下垂、过敏性结肠炎、胃肠神经症、肠道易激综合征、弥漫性食管痉挛、神经性呕吐、神经性厌食、神经性嗳气、喉头异物感、胆道功能障碍；

B－3 心身障碍：胃黏膜脱垂、慢性肝炎（主要指肝炎后综合征）、肝硬化、胆石症与胆囊炎、慢性阑尾炎。

C 呼吸系统

C－1 心身病：支气管哮喘；

C－2 心身症：过度通气综合征、神经性咳嗽。

D 内分泌系统

D－1 心身病：糖尿病、甲状腺功能亢进症；

D－2 心身症：单纯性肥胖、心因性多饮、心因性多尿、多汗症；

D－3 心身障碍：库欣综合征、艾迪生病、单纯性甲状腺肿、甲状腺功能减退症、甲状腺结节。

E 神经系统

E－1 心身病：血管性偏头痛；

E－2 心身症：自主神经功能紊乱、眩晕症、肌肉收缩性头痛、脑血管功能障碍、面肌痉挛、书写痉挛、痉挛性斜颈、精神性头痛；

E－3 心身障碍：癫痫、失神发作。

第三节　心身疾病的诊断与评估

一、诊断模式

心身疾病的诊断，既区别于躯体疾病的诊断，也区别于精神疾病的诊断。在寻找躯体疾病的同时，应该寻找心理社会因素在躯体疾病发生、发展、防治和预后中发挥的作用。现代心身医学诊断模式可以归纳为以下几个步骤：

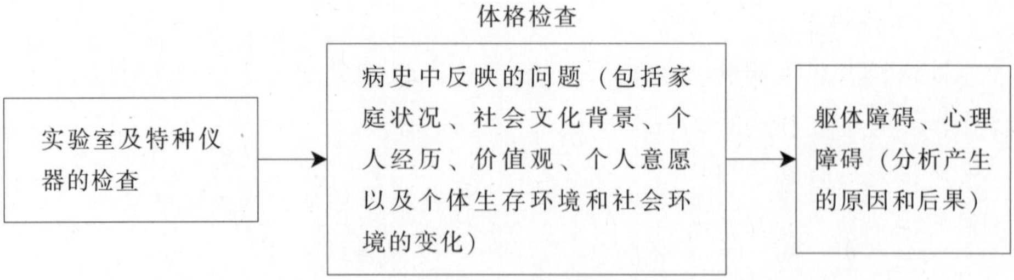

二、心身疾病诊断程序

1. 收集病史

（1）一般项目，包括姓名、年龄、性别、婚姻、出生地、民族、职业、居住地、记录时间。

（2）主诉，指患者就诊的最主要原因，包括症状、体征及持续时间，也就是现病史。听取主诉或现病史，这一步骤与临床各种采集病史的方法相同，临床各科医生已经相当熟悉。但对身心疾病患者而言，在听取患者的病情经过和症状时，要尽可能地查明起病的原因，尤其是关于心理方面的原因，并及时整理和记录这些资料。医生在听取患者诉说时，对患者的表情（焦虑、痛苦、忧郁、严肃等）、言语（话多话少、声大声小、说话快慢等）、态度（随便、拘束、敏感、亲昵等）以及其他特殊情况也要予以记录。

（3）既往史，包括预防接种及传染史，药物及其他过敏史，手术、外伤及输血史，以往健康史和疾病的系统回顾。

（4）个人史，包括个人的生活习惯、生活和工作情况。

（5）婚姻史，记录未婚或已婚、结婚年龄、配偶健康状况、性生活情况等。

（6）家族史，包括父母、兄弟姐妹和儿女的健康情况，有无家族遗传性疾病。

收集心身疾病史与收集一般躯体疾病史相比较，对个人经历的询问和回顾应该更加深入。因此，在询问时应从心理学的角度出发，深入细致地了解心理发展的过程。从患者幼年时决定其个体心理发展和人格形成的家庭环境及个人遭遇开始，直到受教育、就业、婚姻、人际关系、生活经历的重要事件等，逐一进行了解。这样才能全面了解和分析患者幼年的心理矛盾和体验、亲子关系、生活环境中的矛盾和冲突，以及其与目前身心症状之间的关系。此外，与一般病史一样，既往史和家族史也不能少。

2. 体格检查

体格检查对疾病的诊断和鉴别非常重要，因此对每个患者都要详细检查。体格检查是建立在病理解剖学和病理生理学基础上，依靠准确、细致的检查，一般可以发现客观的体征。但是由于心身疾病的特殊性，有时候症状和体征不符或不平行，尤其是有些功能定位和定性比较模糊，这就要求临床医生从心身联系的观点进行全面分析并做出正确诊断。

3. 心理评估

心理评估基本包括两个方面：一方面医生通过与患者直接接触，面对面地交谈，了解患者的思想情况和心理过程；另一方面，通过侧面观察或借助于患者的书写材料等来了解其精神状态。对患者的意识状态、外表行为、语言、心境和情感、感知觉、认知功能、判断和自知力等进行评估。

4. 心理生理检查

有时候为了确定病变的部位和性质，并排除其他器质性疾病，避免误诊或漏诊，还需要进行必要的化验（如化验血、尿、粪便等）和检查（如 X 线、心电图、肺功能检查、脑电图、肌电图、超声波），以及一些特殊的检查，如计算机断层扫描（CT）、磁共振体层扫描（MRI）、单光电子计算机断层扫描（SPECT）及正电子体层扫描（PET）等以排除疾病。

5. 心理负荷试验

上述的心理生理检查是在患者安静状态下进行的，反映患者心身状态平静时的功能。在此基础上给予患者各种心理负荷，观察其在应激状态下的身体功能反应，也有利于心身相关疾病的诊断。常见的心理负荷有：当面给患者有应激意义的语言刺激、看恐怖片、听惊吓的声音、限定时间进行心算测验、重复感情冲击试验、阅读 Stroop 彩色卡片及催眠时给予暗示等。在给予心理负荷的同时进行心理生理检查，有时也进行生物化学检查，如测定血和尿，甚至包括测定脑脊液中的肾上腺激素、去甲肾上腺素和其他的代谢产物的浓度。

6. 心理社会因素的评估

心身疾病的发病与心理社会因素的关系极为密切，因此对于心理社会因素的评估也有利于心身疾病的诊断。关于心理社会因素的评估主要包括以下几个方面：①就诊前一年中的应激水平，主要指应激性生活事件的评估和调查；②对应能力和社会支持情况的评估；③人格类型；④目前的心理状态。

三、心身疾病临床多轴诊断系统

轴－1：心理症状和综合征，如与严重程度相关的抑郁状态和影响预后的焦虑；

轴－2：人格个性类型，如冲动个体、综合征和发育问题（边缘人格、强迫个性和弱智）；

轴－3：临床医疗情况和神经精神疾病（糖尿病、脑中风）；

轴－4：童年早期、最近和当前应激源；

轴－5：心理社会资源（智能和应对技巧）、大体心理社会功能评定（GAF）。

四、心身疾病的诊断要点

（1）躯体症状，有明确的器质性病理改变或病理生理变化。

（2）明确的病因，确定心理、社会因素存在。心理、社会因素与疾病的发生有密切关系，病情改变受心理、社会因素的影响。

（3）疾病的发生与患者的性格和某些易感性存在某些关系。

（4）排除躯体疾病和神经症的诊断。

五、量表与问卷

（一）患者健康问卷躯体症状量表（PHQ－15）

PHQ－15 适用于筛查躯体化障碍和评估躯体症状的严重度。

指导语：下面共有 15 种症状，请您回想在过去一个月内是否出现过这个（些）症状，并且在问题后面数字划上一个圈，没有就在 0 上面画一个圈。

PHQ－15				
	问题	无	有点	大量
1	胃痛	0	1	2
2	背痛	0	1	2
3	胳膊、腿或关节疼痛（膝关节、髋关节等）	0	1	2
4	痛经或月经期间其他问题（本题由女性回答）	0	1	2
5	头痛	0	1	2
6	胸痛	0	1	2

（续上表）

PHQ－15				
	问题	无	有点	大量
7	头晕	0	1	2
8	一阵阵虚弱感	0	1	2
9	感到心脏怦怦跳动或跳得很快	0	1	2
10	透不过气来	0	1	2
11	性生活中有疼痛或其他问题	0	1	2
12	便秘、肠道不适、腹泻	0	1	2
13	恶心、排气或消化不良	0	1	2
14	感到疲劳或无精打采	0	1	2
15	睡眠有问题或烦恼	0	1	2
合计				

（二）大体心理社会功能评定量表（GAF）

医生可应用大体心理社会功能评定量表（Global Assessment Function，GAF）对患者的心理、社会和职业功能做出判断。GAF 只有一个项目，即病情概况。结果分成（1～90）9 个等级，分数愈高，病情愈轻。

假定精神疾病与健康属一连续过程，请评定当事人心理、社会、职业功能。

81～90　没有症状或症状极微（如临考前轻度焦虑），各方面功能均佳，对很多活动均有兴趣并能参加，社会能力强，对生活普遍满意，仅有一些日常小问题（如偶与家人争吵）。如有症状，大多为时短暂且属于对心理社会刺激的必然反应（如与家人争吵后出现注意力不集中）。

71～80　社会、职业或学习能力仅有轻微损害（如一时学业落后他人）。

61～70　存在轻度症状（如抑郁心境或轻度失眠）或是社交、职业、学习功能的某一方面有些困难（如偶有逃学或在家行窃），但是一般功能良好，保持着某些有意义的人际关系。

51～60　存在中度症状（如情感平淡、说话冗赘、偶有惊恐发作）或是社交、职业、学习能力中度损害（如几乎没有朋友、与同事冲突）。

41～50　存在严重症状（如自杀意念、严重的强迫性仪式动作、频繁行窃，或是社交职业、学习功能严重损害（如无朋友、不能工作）。

31～40　现实检验或语言交流有某些损害（如常常言语缺乏逻辑性、概念模糊或前后不连贯），或是工作、学习、家庭关系、判断、思维、心境等方面严重损害（如抑郁者回避朋友、对家庭冷淡且不能工作、儿童常常欺侮较幼者、在家胆大妄为并逃学）。

21～30　行为明显受妄想、幻觉的影响或是言语交流或判断的严重损害（如有时思维紊乱，行为明显不适切，自杀先占观念），或是几乎所有方面的功能丧失（如整日卧床，无工作、家庭或朋友）。

11～20　有伤害自己或他人的危险（如有不一定致死的自杀未遂行为，频繁暴力，躁狂性兴奋）或是有时不能维持起码的个人卫生（如便床、尿裤）或是言语交谈明显受损（如大多时思维破裂或缄默）。

1～10　持续存在严重的自伤或伤人的危险（如经常暴力）或是长期不能维持起码的个人卫生或是有一旦成功必定致死的严重自杀行为。

评定注意事项：

（1）功能大体评定不包括躯体问题或环境限制所致的功能损害。

（2）应分两个不同时期进行评定：①目前——评价时功能水平；②过去一年——过去一年中至少几个月内的最高水平。对儿童和少年而言，至少应包括在校期间最高功能那几个月的水平情况。

目前功能的评定大致反映当前治疗与照料的需要，过去一年最高功能水平的评定则有预后意义，因为一般在一次病后，个体至多只能恢复至病前原有的功能水平。

（三）A 型行为类型问卷

指导语：请根据您得病前的情况回答下列问题，凡是符合您的情况就在这一行的“是”字上画“○”，凡是不符合您的情况就在这一行的“否”字上画“○”。每个问题必须回答，答案无所谓对错、好坏。请尽快回答，不要在每道题目上思索太多，回答时不要考虑“应该怎样”，只回答您平时“是怎样的”就行了。

1. 我总是力图说服别人同意我的观点。…………………………… 是　否
2. 即使没有什么要紧的事，我走路也很快。……………………… 是　否
3. 我经常感到应该做的事太多，有压力。………………………… 是　否
4. 我自己决定的事，别人很难使我改变主意。…………………… 是　否
5. 有些人和事常常使我十分恼火。………………………………… 是　否

6. 当急需买东西但又要排长队时，我宁愿不买。 …………………… 是　否
7. 有些工作我根本安排不过来，只能临时挤时间去做。 ……… 是　否
8. 上班或赴约会时，我从来不迟到。 ……………………………… 是　否
9. 当我正在做事，谁要是打扰我，不管有意无意，我总会感到恼火。
………………………………………………………………………… 是　否
10. 我总看不惯那些慢条斯理、不紧不慢的人。 ………………… 是　否
11. 我常常忙得透不过气来，因为该做的事情太多了。 ………… 是　否
12. 即使跟别人合作，我也总想单独完成一些更重要的部分。…… 是　否
13. 有时我真想骂人。 ………………………………………………… 是　否
14. 我做事总是喜欢慢慢来，而且思前想后，拿不定主意。 …… 是　否
15. 排队买东西，要是有人加塞，我就忍不住要指责他或出来干涉。
………………………………………………………………………… 是　否
16. 我觉得自己是一个无忧无虑、悠闲自在的人。 ……………… 是　否
17. 有时连我自己都觉得，我所操心的事远远超过我应该操心的范围。
………………………………………………………………………… 是　否
18. 无论做什么事，即使比别人差，我也无所谓。 ……………… 是　否
19. 做什么事我也不着急，着急也没有用，不着急也误不了事。
………………………………………………………………………… 是　否
20. 我从来没想过要按自己的想法办事。 ………………………… 是　否
21. 每天的事情都使我精神十分紧张。 …………………………… 是　否
22. 就是逛公园、赏花、观鱼等，我也总是先看完，再等待同来的人。
………………………………………………………………………… 是　否
23. 我常常不能宽容别人的缺点和毛病。 ………………………… 是　否
24. 在我认识的人里，个个我都喜欢。 …………………………… 是　否
25. 听到别人发表不正确的见解，我总想立即就去纠正他。 …… 是　否
26. 无论做什么事，我都比别人快一些。 ………………………… 是　否
27. 当别人对我无礼时，我对他也不客气。 ……………………… 是　否
28. 我觉得我有能力把一切事情办好。 …………………………… 是　否
29. 聊天刚开始，我也总是急于说出自己的想法，甚至打断别人的话。
………………………………………………………………………… 是　否
30. 人们认为我是个安静、沉着、有耐性的人。 ………………… 是　否
31. 我觉得在我认识的人之中值得我信任和佩服的人实在不多。
………………………………………………………………………… 是　否

32. 对未来我有许多想法和打算，并总想能尽快实现。………… 是 否
33. 有时我也会说人家的闲话。…………………………………………… 是 否
34. 尽管时间很宽裕，我吃饭也快。……………………………………… 是 否
35. 听人讲话或报告如讲得不好，我就非常着急，总想还不如我来讲哩。…………………………………………………………………… 是 否
36. 即使有人欺侮了我，我也不在乎。………………………………… 是 否
37. 我有时会把今天该做的事，拖到明天去做。……………………… 是 否
38. 人们认为我是一个十分干脆、利落、高效率的人。…………… 是 否
39. 有人对我或我的工作吹毛求疵时，很容易挫伤我的积极性。……………………………………………………………………… 是 否
40. 我常常感到时间已经晚了，可一看表还早呢。………………… 是 否
41. 我觉得我是一个非常敏感的人。…………………………………… 是 否
42. 我做事总是匆匆忙忙的，力图用最少的时间办尽量多的事情。……………………………………………………………………… 是 否
43. 如果犯了错误，不管大小，我全都主动承认。………………… 是 否
44. 坐公共汽车时，我常常感到车开得太慢。……………………… 是 否
45. 无论做什么事，即使看着别人做不好我也不想拿来替他做。……………………………………………………………………… 是 否
46. 我常常为工作没做完，一天又过去了而感到忧虑。…………… 是 否
47. 很多事情如果由我来负责，情况要比现在好得多。…………… 是 否
48. 有时我会想到一些坏得说不出口的事。………………………… 是 否
49. 即使领导我的人能力差、水平低、不怎么样，我也能服从和合作。……………………………………………………………………… 是 否
50. 必须等待什么的时候，我总是心急如焚，缺乏耐心。……… 是 否
51. 我常常感到自己能力不够，所以在做事遇到不顺利时就想放弃不干了。…………………………………………………………………… 是 否
52. 我每天都看电视，也看电影，不然心里就不舒服。………… 是 否
53. 别人托我办的事，只要答应了，我从不拖延。………………… 是 否
54. 人们都说我很有耐性，干什么事都不着急。…………………… 是 否
55. 外出乘车、船或跟人约好时间办事时，我很少迟到，如对方耽误我就很恼火。…………………………………………………………… 是 否
56. 偶尔我也会说一两句假话。………………………………………… 是 否
57. 许多事本来可以大家分担，可我喜欢一个人去干。………… 是 否

58. 我觉得别人对我的话理解太慢，甚至理解不了我的意思似的。
…………………………………………………………………… 是　否

59. 我是一个性子暴躁的人。…………………………………… 是　否

60. 我常常容易看到别人的短处而忽视别人的长处。…………… 是　否

TH =　　　CH =　　　L =

使用方法与计算方法：

A 型行为问卷共有 60 题，包括 3 个分量表：①TH（Time Hurry 的缩写），有 25 题，表示时间匆忙感等特征；②CH（Competitive and Hostility 的缩写）有 25 题，表示争强好胜，戒心或敌意等；③L（是 Lie 的缩写），有 10 题，为真实性校正（即测谎）。计算方法：每题的回答与标准答案相符则计 1 分。首先计算 L 量表，如积分≥7 分者表示真实性不大，就剔除该问卷，不予进一步调查。“L”量表 <7 分者则进一步调查另外两个量表的计分。

行为类型评定标准：计算 TH + CH 的总分。A 型 36 ~ 50 分，A 型 28 ~ 35 分，M（中间型）27 分，B 型 19 ~ 26 分，B 型 1 ~ 18 分。

TH 有 25 问，答 2，3，6，7，10，11，19，21，22，26，29，34，38，40，42，44，46，50，53，55，58 的“是”和 14，16，30，54 的“否”记分。CH 有 25 问，答 1，4，5，9，12，15，17，23，25，27，28，31，32，35，39，41，47，57，59，60 的“是”和 18，36，45，49，51 的“否”记分。L 有 10 问，答 8，20，24，43，56 的“是”和 13，33，37，48，52 的“否”记分。CH 加 TH 得分超过 28 分者为 A 型行为倾向。

（四）C 型行为特征量表

指导语：以下的问卷都是人们在自我描述中喜欢使用的一些句子。请您仔细阅读每一个句子，并从答卷纸上的四种答案中找出最符合您情况的数字，把这些数字填在相应题号的空格中（几乎没有 1；偶尔 2；经常 3；几乎总是 4）。这里所指的是您的一般感觉和举止，答案无所谓对错，请不要反复琢磨，要快一点决定，逐个回答所有的问题。

1. 我感觉我的身体状况良好。
2. 我感到闷闷不乐和沮丧。
3. 我生气或恼怒时，把它藏在内心，不表露。
4. 我感到烦躁和不安。
5. 当感到可能有困难时，我相信前途会是光明的。

6. 与他人接触时，我理智从事。
7. 我觉得自己早晨身体最好。
8. 当我感到恐惧或忧虑时，我不使它流露出来。
9. 我易于激动。
10. 我对自己感到满意。
11. 我想大哭一场。
12. 我宁愿理智地解决与他人的矛盾，而不愿感情用事。
13. 不成功时，我就觉得一切都完了。
14. 当我忧伤时，就把它表现出来。
15. 我睡眠不好，容易早醒。
16. 我一遇到挫折便会垂头丧气。
17. 当我生气时，便会表现出来。
18. 当有人阻挠我的愿望与要求时，我试图理解他。
19. 我容易发火。
20. 我吃的和以前一样多。
21. 当我胆怯或发愁时，我能控制自己的举止。
22. 我喜欢看有魅力的异性，并乐意与其交往。
23. 当我忧伤或沮丧时，我能控制自己的感情。
24. 我觉得，我想干的事老是实现不了。
25. 我觉得自己正在走下坡路。
26. 我较为乐观地看待一切。
27. 当我恼怒时，心里的愤怒比表现出来的还要厉害。
28. 我感觉自己休息得很好。
29. 我试图用理智，而不是用感情对别人作出反应。
30. 我希望我像别人那样快乐。
31. 当我恐惧或发愁时，我就表露出自己的感情。
32. 我觉得自己很冷静。
33. 我性情暴躁。
34. 当我忧伤或沮丧时，我就表露出自己的感情。
35. 当我和别人闹矛盾时，我试图不流露感情。
36. 我的心跳得比一般人快。
37. 我的出发点总是：什么事也不能打扰我。
38. 当我恼怒和生气时，我能控制自己的举止。

39. 我觉得有不可克服的困难。
40. 我无缘无故地感到疲倦。
41. 如果谁伤害了我的感情，我会试图理解他。
42. 当我恐惧或忧愁时，我能控制自己的感情。
43. 我的思路仍与以前一样清楚。
44. 我容易生气。
45. 当我忧伤或沮丧时，我能自我控制。
46. 我对那些确实不重要的事情想得太多了。
47. 我跟着感觉走。
48. 我对未来抱乐观态度。
49. 当我生气及恼怒时，就会流露出来。
50. 我很幸福。
51. 我感到和以前一样无忧无虑。
52. 我易大发雷霆。
53. 我试着以理智行事，而不感情用事。
54. 我被一些琐事所困扰。
55. 我无缘无故地觉得心里难受。
56. 当我恐惧或忧虑时，就流露出自己的感情。
57. 事情进展得像我期待的一样。
58. 我缺乏自信。
59. 当我受到伤害时，我设法克制自己的感情。
60. 当我忧伤或沮丧时，我能自制。
61. 我对未来充满信心。
62. 我觉得自己很安全。
63. 我设法理解我所遇到的所有的人。
64. 我很快就会暴跳如雷。
65. 当我生气和恼怒时，我能控制自己。
66. 当遇到困难时，我相信一切都会变好。
67. 我对自己的处境满意。
68. 我凭感情判断一个人的好坏。
69. 当我恐惧或发愁时，我能压抑自己的情绪。
70. 我比以前容易闷闷不乐。

71. 我的情绪十分平稳。

72. 当我忧伤时，我感觉到的比表现出来的还要严重。

73. 我尽量避免与别人闹矛盾。

74. 当我很愤怒时，就会变得不顾脸面。

75. 我很容易作出决断。

76. 我觉得与我交往的人都喜欢我。

77. 我心满意足。

78. 我确信，我净碰上好事。

79. 我设法在与他人交往中，不受自己的感情支配。

80. 我觉得我周围的人能容忍我的缺点。

81. 我觉得自己有用，别人需要我。

82. 有些念头，我很难摆脱。

83. 我在与他人交往中，能够得到帮助与支持。

84. 即使有足够的理由，我也不对别人发火。

85. 当着别人的面批评我，我就要发火。

86. 我深感失望，以致不能从中解脱。

87. 我的生活很充实。

88. 当我需要时，与我交往的人能给予我安慰。

89. 我易于烦躁。

90. 我是一个平静的人。

91. 我的举止受自己感情的影响。

92. 我感到，如果我死了，对别人可能更好一点。

93. 当我处于困境时，与他人交往会使我好受些。

94. 当我想起不久前的烦恼，我就陷入紧张与不安之中。

95. 如果我做了某件好事而未能得到表扬，我就会生气。

96. 我现在工作或学习的能力和从前差不多。

97. 我能从我周围的人那里得到好主意。

请检查一遍，您是否回答了全部问题

量表计分：

(1) 焦虑（A）：1R，4，10R，13，24，28R，32R，39，46，50R，54，58，62R，67R，71R，77R，81，86，90R，94

（2）抑郁（D）：2，7R，11，15，20R，22R，25，30，36，40，43R，51R，55，61R，70，75R，82，87R，92，96R

（3）愤怒（Ang）：9，19，33，44，52，64，74，85，89，95

（4）愤怒向内（Exin）：3，8，27，45，69，72

（5）愤怒向外（Exout）：14，17，31，34，49，56

（6）理智（Rat）：6，12，18，29，35，41，47R，53，59，63，68，73，79，84，91R

（7）控制（Cont）：21，23，38，42，60，65

（8）乐观（Opt）：5，16R，26，37，48，57，66，78

（9）社会支持（Sup）：76，80，83，88，93，97

注：数字为问题序列号，R 为该题得分为反向计分。

9 项分项计出各项的总分，将该项各题依次相加而得出总分。每题回答 4 级计分，计 1，2，3，4 分（无 1、偶尔 2、经常 3、总是 4）。

例如第 1 项（焦虑）的“1R”；意即第 1 题为反向计分、答总是 4 则记 1 分，答经常记 2 分，答偶尔记 3 分，答无记 4 分。

例如第 1 项的“4”：即第 4 题为正向计分，答无记 1 分，答偶尔记 2 分，答经常记 3 分，答总是记 4 分。

将焦虑（A）项各题（共 20 题）所得分相加，即为焦虑的总分。

第四节　心理干预

心理干预是指在心理学原理和有关理论的指导下，有计划、按步骤地对一定对象的心理活动、个性特征或行为问题施加影响，使之发生指向预期目标变化的过程，是相对广义的用词。

心理干预包括心理健康教育、心理指导、系统的心理治疗等。无论是教育性干预还是治疗性干预，都可以采用个别或集体形式进行。个别心理行为干预是心理干预最基本的形式，它是以一个治疗者和一个治疗对象组成一个治疗单位，一般不需要第三者的参与。它通过个人接触了解患者的痛苦，经过分析、解释、诱导、劝说或者支持，改变患者的不良认知，降低消极的情绪反应，并利用一定的心理行为训练技术，对患者的应激反应进行疏导并调整患者的心身状态。集体心理行为干预是以一位或者两位治疗者和多位治疗对象组成一个治疗单位。通过集体内的相互助长，树立患者战胜疾病的信心，迅速掌握心理行为和治疗技术，并能在同病相怜的病友集体中充分表达、发泄内心的痛苦。

心身疾病是与心理社会因素有密切关系的躯体疾病，对于心身障碍的心理干预应该遵照心理—社会—生物综合防治的原则。心理干预效果很大程度上取决于病人的主观能动性，应注重调动患者的参与动机。心身障碍多数属于慢性疾病，其干预过程往往需要一个较长的时间，不是一蹴而就的。心理干预手段的选择，应该视心身障碍的种类、程度的不同以及不同个体心理特点而决定。针对心身障碍实施的心理干预主要围绕三个目标：第一，消除心理社会刺激因素；第二，消除心理学病因；第三，消除生物学症状。

一、提供心理支持

目标：帮助求助者适应当前所面临的现实，重建心理平衡。

干预措施：

（1）设身处地地理解求助者的惊恐、无助、焦虑、担忧和抑郁等情绪，与求助者建立良好的关系，积极发挥咨询师的知识权威作用来支持求助者。

（2）采用倾听、解释、适当保证、消除疑虑、说服劝慰、启发建议、激励鼓舞和消除应激因素等方式，帮助求助者发挥其内在潜力，面对现实，协助其渡过难关，避免精神崩溃。

（3）启发求助者借助社会支持网络，包括家庭成员之间的支持和关心、亲朋好友之间的相互关照、周围环境以及社会支持系统等，鼓励求助者积极行动起来，改善现实境遇。

（4）必要时，咨询师可以协助提供一些信息支持和顾问意见。咨询师应特别注意，对求助者的过分关心、同情或长期保护可能会使求助者形成对咨询师的过度依赖，使其丧失自我适应和自我成长的机会。

扩展阅读

人在睡眠中每90～100分钟要经历一个5个阶段的节律。阶段1是睡眠的开始，昏昏欲睡的感觉就属于这一阶段；阶段2属于浅睡阶段；阶段3和阶段4是沉睡阶段；阶段5为快速眼动睡眠阶段，如果此时将其唤醒，大部分人报告说他们正在做梦。在整夜睡眠中，个体会经历 4 ~5 次这样的睡眠周期。不同年龄阶段的快速眼动时间不同。新生儿的快速眼动睡眠占的时间最多，约占睡眠时间的一半；大学生快速眼动睡眠占 25%；老年人的快速眼动睡眠时间为 18% 左右。因此，梦多反而是年轻的表现。

人体的大脑功能可以分成若干分区，每个区域有各自的功能（如下图）。正常人脑的活动始终处在觉醒和睡眠两者交替出现的状态。当人体睡觉时大脑某个区域可能还处在觉醒状态，因此人体会有相应的感知觉。而大部分大脑区域是处于睡眠状态的，因此人在睡眠中也能对周围环境有感知觉，但不能因为这些知觉的存在而否认自己的睡眠状态。

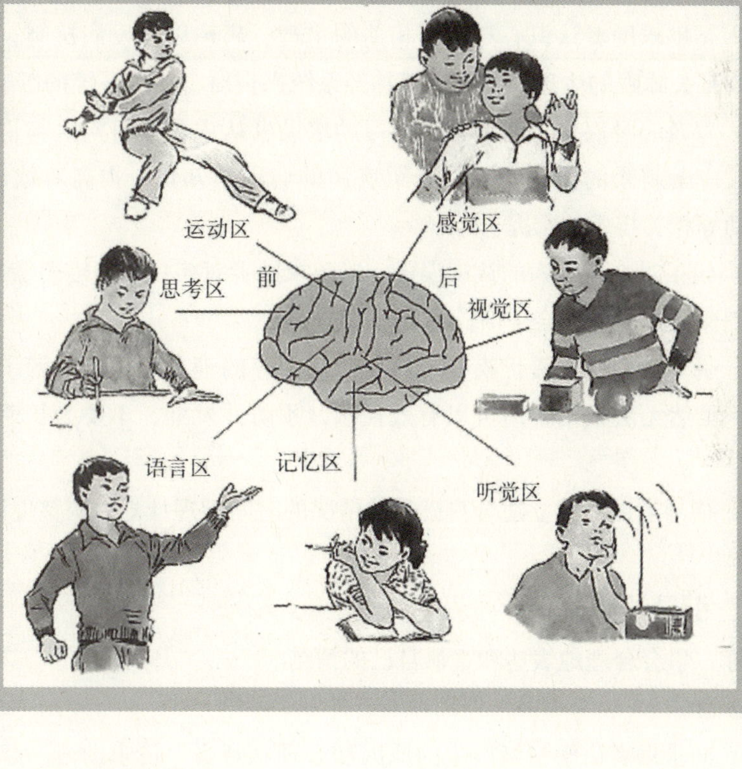

二、进行心理评估

目标：进行相关的心理评估，识别与发病相关的性格、情绪、认知和行为因素。

干预措施：

（1）通过摄入性访谈，全面收集求助者的资料。

（2）运用 A 型行为类型问卷、C 型行为特征量表、焦虑量表、抑郁量表等对求助者进行性格、行为类型、情绪状况的心理评估，了解求助者的心理健康状况。如患有心血管系统心身疾病的求助者可以进行 A 型行为类型的测评，支气管哮喘求助者可以进行 C 型行为特征的自测，可以运用匹茨堡睡眠质量指数对失眠求助者的睡眠质量进行评估。

三、开展健康教育

目标：通过提供心身疾病相关的科学知识，帮助求助者正确认识心身疾病，树立治疗心身疾病的整体观，重视心理社会因素对生理的影响，积极面对疾病，提高防治心身疾病的效能感。

干预措施：

（1）帮助求助者认识心身疾病相关的生理、病理以及发病机制，减轻焦虑。例如有关睡眠的生理知识、交感神经系统兴奋对身体各系统的影响等。

（2）普及心身疾病防治的常识，帮助求助者认识到心身疾病与情绪、生活压力、应激刺激的潜在关系，介绍疾病的病因学知识，提高对饮食管理、体育运动等相关技术的掌握。

（3）纠正对心身疾病的认识误区，避免求助者对疾病的过度恐慌与担忧，鼓励他们保持正常的社会生活。

（4）针对高血压等慢性疾病，树立带病生存的理念，让求助者了解这些慢性疾病虽然无法根治，但可以有效控制，预防并发症，不要为长期服药而忧虑。

（5）指导求助者建立适合自己具体情况的时间管理计划，调整生活节奏。

四、引导情绪管理

目标：学会合理地表达和宣泄自己的情绪。

干预措施：

（1）向求助者讲解情绪产生的原因和心理学意义。请求助者一起开展列举情绪成语的比赛，例如“怒发冲冠”“心平气和”“悲痛欲绝”“大喜过望”“心灰意冷”“心烦意乱”“乐极生悲”“自怨自艾”等，通过让求助者解释这些成语的含义和典故，明白各种情绪给人带来的不同体验以及不良情绪的消极影响。

（2）通过成语游戏传达一个认知心理学观点：利用认知或想法诱发求助者的各种情绪，改变认知可以改变情绪。

（3）指导学习情绪宣泄、情绪转移等情绪调节的方法，练习用积极的意象对话、反向思维、人际沟通、唱歌等方法消解自己的负性情绪。

（4）根据求助者不同的年龄、性别、习惯、爱好以及文化素养等条件，建议充分开展绘画、书法、阅读、太极拳、演奏乐器、唱歌、跳舞等娱乐活动来表达自己的情绪，增进愉悦的心理体验，培养对生活的审美观。

（5）借助生物反馈仪，将躯体生理信息转变成易于感知的声光电信息，帮助求助者学习体验肌肉紧张和放松的感觉，掌握深呼吸和肌肉放松技术，提高对焦虑情绪的自我控制感。

五、重建合理认知

目标：帮助求助者认识到不合理信念的影响，重建合理认知，减轻压力。

干预措施：

运用认知疗法的 ABC 理论，协助求助者找出自己存在的某些不合理信念，弄明白这是导致一些负性情绪和消极行为的真正原因，学习运用合理的信念取代非理性的信念。例如，要求完美的信念可能使自己对一些不完美的事和人产生愤怒，而学习用“难得糊涂”的信念看待身边的事物，可以减轻自己的压力。

六、改善应对方式

目标：改善对应激事件的应对方式，学习积极的应对策略，建立良好的社会支持系统。

干预措施：

（1）在认知重建的基础上，建立新的积极应对策略，如用运动代替以前通过暴饮暴食应对压力的方式。

（2）通过角色扮演和行为演练，鼓励求助者在应激情境中，在采取行动之前，学习运用“停一停、想一想、听一听和预先计划”的应对策略，并在生活实践中检验积极应对的效果。

（3）协助求助者与亲朋好友建立良好的人际关系，向求助者讲解家庭支持功能对康复的重要性，鼓励家人与求助者多沟通，多给予求助者情感支持和生活上的关心。

（4）鼓励求助者依赖信仰、公开承诺、亲密友情作为自己的精神支柱。

（5）鼓励求助者加入一个相关的病友协会，经常与团体成员交流患病体验和康复经验，宣泄压抑的情绪，提高对康复的信心。

（6）探明求助者与人交往中自卑和易紧张等不良应对方式的行为模式和原因，有针对性地开展心理训练。

（7）帮助求助者逐渐建立对周围人的信任感，消除对周围人的“敌意”，鼓励求助者参加有意义的集体社会活动。

七、指导放松训练

扩展阅读

放松训练又称松弛训练，指通过训练有意识地控制自身的心理生理活动、降低唤醒意识水平、改善机体紊乱功能的治疗方法。放松训练是一种求助者完全可以掌握的、解决紧张焦虑等情绪困扰及躯体症状的方法，这种方法简单易行，实用有效，可提高求助者改善症状的速度。

一个人的情绪反应包含主观体验、生理反应、表情三部分。生理反应，除受自主神经系统控制的“内脏内分泌”系统的反应不易随意操纵和控制外，受随意神经系统控制的“随意肌肉”反应，则可由人们的意念来操纵。当人们心情紧张时，不仅主观上“惊慌失措”，连身体各部分的肌肉也变得紧张僵硬；当紧张的情绪松弛后，僵硬的肌肉还不能松弛下来，但可通过按摩、洗浴、睡眠等方式让其松弛。放松训练的基本假设是改变生理反应，主观体验也会随着改变。也就是说，经由人的意识可以把控“随意肌肉”，再间接地使主观体验松弛下来，建立轻松的心情状态。因此，放松训练就是训练求助者，使其能随意地放松自己的全身肌肉，以便随时保持心情轻松的状态，从而缓解紧张、焦虑的情绪。

放松训练通常不是单一使用，而是在一系列治疗措施中起着特殊的作用。常用的放松训练有渐进性肌肉放松、自主训练、冥想和瑜伽等。

放松训练在临床上广泛用于有紧张性头痛、高血压和睡眠障碍的患者。对高血压的治疗，放松训练与药物治疗联合应用收效更好。但是，放松训练并不是任何人都适用的。如集中注意力欠佳的求助者可能效果不好。另外，呼吸道疾病、神经系统疾病患者也不适宜采用放松疗法，因肌肉松弛导致的呼吸缓慢会加重呼吸衰竭。

目标：教授求助者掌握放松技术，降低求助者对疾患的焦虑紧张程度。

干预措施：

（1）讲授交感神经和副交感神经的生理作用与紧张焦虑和肌肉放松的关系等相关知识，帮助求助者认识到紧张、焦虑和放松是可以经过训练加以控制的。

（2）运用专门制作的视频资料，教授求助者学习姿势放松、意象放松、腹式呼吸、肌肉放松的方法，尤其是熟悉肌肉放松的生理指标：肢体的温暖感、沉重感。

（3）督促求助者坚持每天做放松训练1～2次，检查完成情况，并与其分享训练的体验。

八、注重自我保健

（一）心血管自我保健

1. 三个1分钟

晨醒1分钟，手脚慢慢动；坐起1分钟，旋腹并按摩胸；站起1分钟，两脚慢慢行；摆头转转腰，然后再活动。

2. 温开水3杯

睡前1杯水，舒心易入睡；午夜1杯水，预防致血栓；早晨1杯水，活血润肠胃。

3. 最好的运动方式

步行锻炼简便易行，尤其适宜于中老年人和体弱者的健身养生。正确的步行方法是：挺胸抬头，迈大步；手臂随脚步节奏摆动，并和呼吸节律同步。每天1～2次，每次30～60分钟，一周累计步行5次。以微微出汗为宜，坚持3～5周可见成效。

（二）慢性疼痛自疗法

1. 散步

散步是治疗慢性疼痛的“最佳处方”，它可以刺激人体释放天然的止痛剂“内啡肽”。建议每周运动5次，每次至少30分钟以上，随后逐渐延长时间。

2. 睡足觉

疼痛影响睡眠质量，睡眠不好反过来会加重疼痛，形成恶性循环。养成良好的入睡和起床习惯，有助于保证足够的睡眠。

3. 分散注意力

工作中分散注意力不是好事，然而对于慢性疼痛患者来说，分神却是种非常有效的治疗办法。研究显示，当人们因为读书、猜字谜或者聊天分神时，大脑中处理疼痛的区域就会变得不那么活跃。

4. 改善饮食

食物可以影响疼痛症状，比如红酒、芝士可以诱发偏头痛；油脂类食品或牛奶可加重风湿性关节炎的痛感。建议记录下自己每天吃了什么，然后去掉其中某几样，观察症状是否有所改善。

5. 深呼吸

将手放在腹部，感受缓慢深呼吸时的起伏，几分钟后，或许就会感觉疼痛和紧张感逐渐消退。这种疗法的最大好处就是不受场地限制。

6. 力量训练

建议每周进行两次力量锻炼，负重或者抗阻力训练的效果有时候可与止痛药等同。此外，经常练习瑜伽，同样可以缓解慢性疼痛，减少对药物的依赖。

7. 补充营养

研究显示，某些营养补充剂可以缓解疼痛，如鱼油、氨基酸、葡萄糖等，具有消炎、减轻关节疼痛的作用。

8. 不要长时间卧床

过去人们觉得疼，就会卧床休息。现代医学认为，躺着不利于慢性疼痛的治疗和缓解，因为久卧会削弱肌肉力量，让痛感更明显。

9. 定期按摩

按摩可暂时舒缓肌肉僵硬和痉挛，也能令神经系统放松。按摩还可配合热水浴缓解关节疼痛，或配合冷水淋浴缓解纤维瘤疼痛。

（1）用肘、膝或关节（尽可能不要用你的手指，会导致手指慢性损伤）进行按摩；

（2）用短促、缓慢的手法向一个方向按揉，用适度的压力；

（3）如果疼痛的量度是 1 ~ 10，1 是没感觉，10 是难以忍受。合适的力度是 7。

（三）慢性哮喘自疗法

1. 选择无过敏源的居住和工作环境

有的哮喘患者对各种刺激性气味特别敏感，如塑料、橡胶等。这类患者的居住地最好远离工厂，居室内的装修不用塑料壁纸、化纤地毯等。对花粉过敏的患者，室内不能养花。对霉菌过敏的患者则不宜居住在低矮、潮湿的环境。

2. 饮食宜清淡，不吃刺激性食物

清淡的饮食可以清痰、祛炎、利便。新鲜蔬菜、牛奶、鸡蛋、豆制品可提供人体需要的维生素和蛋白质。鱼虾肉类易生火生痰，不宜多吃。辛辣食品刺激呼吸道使症状加重。菜肴不宜过咸、过甜。不吸烟喝酒，吸烟患者戒烟后症状有明显减轻。

3. 呼吸调整训练

在哮喘发作期间或缓解期，可以训练患者采用腹式呼吸。腹式呼吸的关键是先呼气后吸气。呼气时轻轻收腹，经口呼出，口唇收缩如吹笛状，使气体自口唇缓缓呼出。呼气宜轻缓，如过分用力，使胸膜腔内压增高，可能使小气道阻塞加重。吸气时经鼻、腹部膨出。呼气时间比吸气时间要长，呼气时也深一些。吸气时利用胸腹部呼气后的回跳力量，避免用力。整个过程节奏自然放松，不能屏气。练习正确，应感到轻松舒适。如有胸闷、气促、头昏等感觉，一般是由过于紧张或节奏不自然而引起，应该暂停练习，休息片刻，调整好节奏后再练习。每次练习 3 ~5 分钟，每日可进行多次，坐着或站立都可以练习。一旦习惯腹式呼吸后，可以使患者在哮喘发作时，依靠膈肌的收缩力量帮助把残气从肺内排出，从而改善呼气性呼吸困难。

4. 避免剧烈运动

不适当的体育锻炼可以诱发哮喘，因此过去很多医生常常告诫患者尽量减少体育锻炼。目前认为，体育不仅可以改善患者的心肺功能，提高交感神经的兴奋性，抑制体内炎症介质的释放，从而提高运动后诱发哮喘的阈值，而且还可以增加患者的食欲，调整心情，增强战胜疾病的信心，往往能够达到意想不到的治疗效果。但是，由于哮喘疾病的特殊性，体育锻炼应遵循“循序渐进，量力而行”的原则。哮喘患者的体育锻炼通常应在缓解期配合药物治疗下进行。为了使体育锻炼收到预期的效果，必须在放松、愉悦的环境中进行，避免进行一些竞争性强的项目，同时切忌运动量过大。

5. 预防药物哮喘

哮喘患者用药要小心，因为由药物引起的哮喘并不少见。如果以往用过某种药物引起哮喘发作或诱发哮喘加重，则以后应尽量避免使用这些药物。

6. 保持轻松愉快的心情，避免过喜或过悲

过分悲伤对身体是不利的，但过度喜悦也会对哮喘病人带来不利后果。不少哮喘病人不能大笑，因为大笑后可能会使哮喘发作。哮喘患者还要注意

自己的精神修养，保持愉快的心情，生活中通达乐观，对战胜疾病要有信心。

7. 艾灸法

可在中药店买现成的艾条，将一端点燃，对准每次所选的穴位，距离皮肤2~3厘米左右进行熏烤，使身体局部有温热的感觉。一般每处灸5~7分钟，至皮肤红润为止。对烟雾过敏的患者最好不用此法。

选穴：定喘穴，在背部，位于第7颈椎棘突下，旁开0.5寸；肺俞穴，在背部，第3胸椎棘突下，旁开1.5寸；膻中穴，在胸部，前正中线上，平第4肋间，两乳头连线的中点；脾俞穴，在背部，第11胸椎棘突下，旁开1.5寸。

（四）胃肠问题自疗法

1. 调整机体，保持规律节奏

规定晨起时间、就餐时间、饮食习惯、运动时间、排便时间、就寝时间等，培养机体正常的生物节奏规律。

2. 保持八分饱，可使胃肠舒畅

不饱食、不多饮，适当进行运动，在不知不觉中会忘记胃病的存在。除饮食要保持八分饱外，为增加饭后胃功能，必须悠闲地休息30分钟到1小时。

3. 愉快的工作和运动可促进食欲

身体无异常和疾病，也没有精神障碍时，也可能出现食欲不振。例如，闲坐一天，缺少运动时，虽然到吃饭时间也无空腹感更引不起食欲。同样，剧烈运动、睡眠不足、工作过度、精神疲劳也可能引起食欲不振。

4. 保持积极的心态

消除不必要的恐惧、疑虑，树立战胜疾病的信心；保持良好情绪，避免过分激动、紧张、发怒、焦虑、抑郁；保持心情舒畅，积极乐观；与家人及周围朋友组成一个共同抗病联盟；合理安排工作、生活和休息时间；增强食欲，增强体质，减轻精神上的忧伤和痛苦。

5. 简易的自我保健按摩

（1）揉腹。

一手掌心贴在脐部，另一手按在该手背上，柔和用力，动作稍快，顺时针方向旋转揉按3~5分钟。

（2）揉中脘。

用一手的大鱼际（拇指侧掌部的肌肉隆起）紧贴在脐上4寸的脘穴上，

柔和用力，以顺时针方向旋转揉按3～5分钟。

(3) 擦上腹。

用两手的小鱼际（小指侧掌部肌肉隆起处）在上腹部两侧作上下来回擦动至发热为止。

(4) 擦胁。

用两手的大鱼际紧贴两胁部（腋下侧胸）作前后来回擦动，稍加用力，动作要快，至发热为止。

(5) 按揉内关穴。

取腕横纹上2寸处的内关穴，用拇指指端按揉2分钟，以感到酸胀为度。

(6) 按揉足三里穴。

取外膝眼下3寸、胫骨前嵴外1横指处的足三里穴，用拇指指端按揉2分钟，以感到酸胀为度。

(7) 按揉太冲穴。

取足背第1、2跖骨结合部前凹陷处的太冲穴，用拇指指端按揉1分钟，以感到酸胀为度。

(五) 失眠自疗法

1. 对睡眠需求理性认识

每个人对于睡眠的需求不同，并且随着年龄增长，睡眠需求会逐渐降低，因此不要苛求自己具有与他人一样的睡眠时间和质量。

2. 正确看待失眠

有些人过于关注自己的睡眠状况，反而导致更加严重的睡眠问题，躺在床上更不容易入睡，从而导致恶性循环。其实，一次性的失眠如果没有影响第二天的学习、工作和生活，没有躯体和精神的疲乏感，就不会影响身体健康，不需要刻意去关注它。

3. 培养良好的生活习惯

有些生活习惯能够帮助带来良好的睡眠。例如，少使用中枢兴奋药物或饮用咖啡、浓茶、烈酒等；入睡前不看带有刺激性的书报读物、视频节目，不要躺着看电视、手机；晚餐不宜过饱，如果睡前太饿可适当吃些食物；睡前4小时进行有氧运动，以感到身体发热但并不劳累为度；睡前1小时左右喝一杯热牛奶；入睡前温水淋浴或者热水泡脚；如果长时间睡不着或起床做一些其他的事情或看一些无聊的书籍或者是无聊的电视节目，听听舒缓的音乐让自己放松，从而使自己产生睡意。

4. 食用补气食品

可以食用红枣、薏米、玉米、小米等补气血的食物做的粥或糖水，因为经常失眠会导致气血不足。

5. 睡前腹式呼吸

可以把手叠放在小腹上，采用腹式呼吸，把注意力转移到小腹，配合默念数数，能够很快地入睡，而且还有瘦腹部的功效。

6. 心烦失眠的禁忌

（1）忌临睡前吃东西。

如果临睡前吃东西，肠胃等又要忙碌起来，从而加重它们的负担，身体其他部分也无法得到良好休息，不但影响入睡，还有损健康。

（2）忌睡前用脑过度。

临睡前做些较轻松的事，使脑子放松，这样便容易入睡。否则，大脑处于兴奋状态，即使躺在床上也难以入睡，时间长了，容易失眠。

（3）忌睡前情绪激动。

人的喜怒哀乐都容易引起神经中枢的兴奋或紊乱，使人难以入睡甚至造成失眠。

第二章

心随身变

第一节　躯体疾病对心理的影响

一、躯体疾病引发心理改变

患者在得知自己患有某种或某几种躯体疾病时，一般的心理特点有：

1. 对客观世界和自身价值的态度发生改变

有经验的医生知道，患者在内部器官有器质性或功能障碍后，他们的自我感觉和整个精神状态也会发生变化。疾病可以使人改变对周围事物的感受和态度，也可以改变患者对自身存在价值的态度。这种主观的改变，可以使患者把自己置于人际关系中的特殊位置上，好像自己已经或将要被人群抛弃。

2. 把注意力从外界转移到自身的体验和感觉上

患者一旦知道自己有病以后，注意力会变得狭窄。他们会立刻把注意力由外部世界转向自己的体验和感觉。这时，他们往往只关心自己身体的机能状态。由于注意力的转移和兴趣的缩小，患者心理的各个方面，会相应地发生一时性的变化。

3. 情绪低落

这是大多数患者的共同特点，由于情绪低落，运动必然减少，语言也平淡无趣。

4. 时间感觉发生变化

当一个人感到生命受到威胁时，他对时间的感觉也会发生变化，不是感到时间过得很快，就是感到时间过得很慢，会陷入一连串的往事回忆中。疾病所引起的各种心态，都会成为回忆的诱发因素。这些回忆有时很强烈，可能会抑制对未来的信心。

5. 精神偏离日常状态

严格意义上说，患者的精神状态从罹患疾病开始就可能发生了变化。由于疾病明显地破坏了正常的生活节奏，使人的日常劳动、休息和睡眠节奏受到很大的影响。生活节奏的破坏成为一种极为强烈的信号，冲击着患者的内心世界，再加上对疾病病症的体验，患者的兴趣、爱好、思维方式都可能发生某些改变。

二、脑功能失调导致精神心理问题

案例：

求助者：男性，58岁，初中文化。

求助者半年前曾因脑栓塞住院，好转后出院，使用药物有阿司匹林、川芎嗪等，药量不详。近2个月白天头晕、手抖，有时恶心、有时肢体发麻，失眠，几乎整晚都睡不着，感到身心疲惫。近一个星期记忆力下降，情绪低落，与人交谈时注意力不集中，经常需要别人反复提醒。在家人的陪伴下，到医院咨询。

广义上讲，器质性精神障碍是由脑部疾病和躯体疾病所导致的精神障碍的总称。由脑部疾病导致的精神障碍包括脑变性疾病、脑血管疾病、颅内感染、脑外伤、脑肿瘤等所引起的各种精神障碍。

（一）脑退行性病变伴发的精神障碍

脑退行性病变是中枢神经系统原发性退行性变性的一类疾病，包括阿尔茨海默病、皮克病、帕金森病、亨廷顿病、路易小体痴呆、肝豆状核变性等。这里主要介绍阿尔茨海默病（Alzheimer Disease，AD）

阿尔茨海默病多于老年期发病，病程进展缓慢。临床主要表现为：

（1）发病早期临床表现以短期记忆和记忆保持障碍为主，经常丢三落四，事情随做随忘，进而影响到长期记忆，甚至记不起自己的出生日期和经历过的重大事件。

（2）智能等认知能力减退，理解能力、概括能力、判断能力、推理能力、计算能力等抽象思维能力明显下降，不能学习新知识，不能从事复杂的脑力劳动，不能适应新环境，逐渐不能做家务，甚至事事需要别人的照顾。

（3）情绪、情感变得淡漠，发呆，少话，甚至焦虑、抑郁和易激惹。

（4）人格改变和行为异常，表现为固执、偏激、自私、不修边幅，不讲究卫生、不知羞耻、随地小便、当众手淫、自发性行为减少，有单调、刻板、笨拙和重复无效的怪异行为。

同时还会出现睡眠节律紊乱、失语、失认、空间结构障碍、幻觉、妄想等症状。在晚期可能出现抽搐发作以及运动系统障碍，包括肌强直和肢体屈曲。一般经过5~10年发展为严重痴呆，最后经常因为褥疮、骨折、肺炎等并发症引起脏器衰竭而死亡。

（二）脑血管所致的精神障碍

脑血管病所致的精神障碍是指由于脑血管疾病（脑动脉硬化、脑梗死、脑出血等）影响血液循环所引起的精神障碍。精神障碍的发生与脑血管疾病发生的速度、性质、部位、范围有密切关系。临床上可分为三类：

（1）急性脑血管性痴呆：指因一次或多次脑卒中后迅速发生的精神障碍。在多次脑卒中或一次大出血后迅速出现智能损害，通常在1个月发展为痴呆。

（2）多发梗死血管性痴呆（Vascular Dementia，VD）：指由脑血管病变引起的梗死所致的精神障碍。通常在50～60岁发病，大多有高血压病史，进展缓慢，早期会头晕、头痛，眼底有视网膜动脉硬化征象，容易疲劳、注意力不集中、工作效率低、情绪不稳定或情感脆弱、失眠或睡眠过多、短期记忆力下降、继发性焦虑。病程缓慢，可有波动或呈阶梯性进展，常因一次或多次脑内动脉小分支短暂缺血或梗死、血栓形成、脑出血而使病情急性加剧。在人格、情绪和行为方面逐渐出现全面的改变，智能全面受损。CT、MRI检查可以清晰地显示梗死灶，部分有脑萎缩。

（3）脑动脉硬化伴发的精神障碍：指由于脑动脉粥样硬化时脑组织供血不足，出现大脑广泛、散在的缺血性病变而导致的精神障碍。病程缓慢，表现为头昏、眩晕、走路失去平衡感、睡眠障碍为主的脑衰弱综合征，以及情感脆弱、人格改变、记忆障碍等症状。

（三）癫痫所致的精神障碍

癫痫（epilepsy）俗称“羊痫风”，是一种由神经元异常放电所致的短暂性和反复性突然发作的中枢神经系统疾病。癫痫所致的精神障碍是指一组由癫痫病脑异常放电所致的精神障碍。

临床主要表现为：

1. 发作前的精神障碍

在癫痫发作前数小时至数天患者可出现极度抑郁，易激惹、激动等情感和认知改变的前驱症状；在发作前数秒钟可出现思维紊乱、言语不连贯等先兆，上述症状随着癫痫发作而终止。

2. 发作时的精神障碍

（1）精神性发作：症状突然开始，骤然停止，历时数秒或数分钟，发作后可能会遗忘。临床表现有感知障碍，包括错觉、幻觉、感知综合障碍；记忆障碍有似曾相识感和旧事如新感；思维障碍有思维中断、强制性思维等；

情绪障碍有恐惧、抑郁；自主神经功能障碍有心悸、头胀痛、上腹部剧烈疼痛等，发作时常与其他症状合并出现。

（2）自动症：是指突然发作的，在意识模糊状态下患者机械地做出一些令人难以理解的无意识动作，持续数秒到数分钟，过后完全遗忘。神游症是持续数小时或数天的自动症，意识障碍程度较轻，异常行为较为复杂，对周围环境有一定感知能力，也能做出相应的反应。表现为无目的地外出漫游，也能从事一些协调活动，如买物品、谈话等，发作后完全不能回忆。

（3）朦胧状态：是指突然发作，通常持续一到数小时，甚至达一周以上的不同程度的意识障碍，从心不在焉到完全不认识周围环境，伴有情感和感知障碍，也可以表现为情感淡漠、思维及动作迟缓等。

3. 发作后的精神障碍

癫痫发作后常会意识模糊、有定向障碍、反应迟钝，部分患者可出现兴奋躁动、狂暴行为，持续数分钟到数小时。

4. 发作期间精神障碍

癫痫发作之时可出现癫痫性精神障碍、智能障碍、性功能障碍和人格障碍等。

（四）颅内感染所致的精神障碍

颅内感染所致的精神障碍是指由于病毒、细菌、寄生虫、螺旋体等感染大脑所致的精神障碍。临床上可分为四类：

1. 急性病毒性脑炎所致的精神障碍

病因尚不清楚，因此也被称为散发性脑炎或非特异性脑炎。急性或亚急性起病，发病前有上呼吸道感染或消化道症状及头痛、发热等早期症状；随着病情进展表现出嗜睡、朦胧、谵妄、错乱、昏迷等意识障碍，分裂样精神病性障碍、智能障碍、面瘫等颅神经损害，颈部僵硬等脑膜刺激征；出汗增多、大小便失禁等自主神经功能障碍。

2. 克—雅病所致的精神障碍

由朊病毒所致的一种亚急性海绵状脑病，主要表现为肢体的进行性痉挛性瘫痪和肌肉萎缩，伴椎体外系体征和舞蹈症性手足徐动样运动，还有共济失调、失明或肌纤维震颤等症状。可见于人格成年期。但多在40岁发病，可在1～2年内死亡。

3. 脑炎后综合征

患脑炎后残留有情感淡漠或易激惹、学习困难等认知障碍、睡眠障碍、瘫痪、失聪、运算不能、性行为改变、人格改变等症状。

4. 结核性脑膜炎所致的精神障碍

由结核杆菌通过血液播散侵犯脑膜所致，较多见于儿童和青年，其中部分患者以精神障碍为首发症状，容易导致误诊。起病往往隐蔽，常有低热、盗汗、头痛、精神萎靡、易怒、睡眠不佳等脑衰弱综合征，主要症状为脑膜刺激征及颅内压增高表现，严重者病变侵犯脑实质可引起不同程度的意识障碍、谵妄、癫痫发作、昏迷等中枢神经系统受损，表现为幻觉、妄想等精神病性症状。晚期可有思维迟缓、记忆力减退、情感淡漠、人格改变等表现。

三、内分泌变化引发的心理问题

（一）男性更年期综合征的身心反应特点

案例：

求助者：男性，58 岁，小学文化。

由于前几年公司改革，求助者的文化程度不高、年龄偏大，被调去一个不受重视的岗位工作。因家里经济条件不是很好，孩子还在上高中，教育费、生活费开支很大，妻子是家庭主妇，他一个人的工资难以维持一家的费用。因此，求助者想另找工作，但由于年龄大、文化程度低、技术低下，面试了很多公司都没能如愿。随着时间流逝，他的脾气越来越差，每天都很焦虑，担心很多事情，如家里的生活费用怎么办？孩子的教育费用怎么办？由于心事重重、工作常出差错，遇到一些不合心意的小事很容易发脾气，无奈走进医院寻求帮助。

男性更年期是人体由成熟走向衰老的过渡阶段，多数男子是在不知不觉中度过的。部分中老年男性出现与女性更年期综合征相似的临床症状和体征，称之为男性更年期综合征（male climacteric syndrome）。男性更年期综合征是从更年期疾病演化而来的。主要特征是性欲和勃起功能减退；情绪改变并伴有脑力和空间定向能力下降；容易疲劳、易怒和抑郁；肌容量和肌力下降；体毛减少和皮肤改变；骨矿物质密度下降，可引起骨量减少和骨质疏松；内脏脂肪沉积等。上述症状不一定全部出现，其中可能以某一种或某几种症状更为明显，可伴有血清睾丸酮水平减低。

有研究发现，由于男性的性腺功能衰退缓慢，男子的更年期症状出现也比较晚，一般在55～65岁发生，比女性晚10年左右。男性更年期综合征患者与女性一样，常伴有较高的以焦虑和抑郁症状为主的心境症状和以自主神经功能失调为主的躯体症状。常见的症状有神经质、易疲劳、易怒、易激动、抑郁、头痛、颜面发热、心悸、感觉异常、记忆力减退、精神不易集中以及性功能减退等。

另外也有研究发现，男性患者的更年期症状在严重程度上与女性相同，但男性患者抑郁、疲倦乏力、头痛、皮肤蚁走感较明显，而女性则多见潮热出汗、感觉异常、头晕、心悸。

（二）甲状腺功能亢进的身心反应特点

案例：

求助者：男性，23岁，本科文化。

在大一入校时，求助者是个活泼开朗的孩子，参加各种社团和活动，在同学眼中是个活跃分子。大四下学期准备毕业论文的时候，突然间发现自己的眼珠有一些外凸。起初满不在乎，以为是天天对着电脑，眼睛长时间疲劳造成的，就将论文的事情搁置了几天，想让眼睛放松放松。可是，几天后，眼珠外凸更加明显，于是到医院检查。检查结果为甲亢突眼。于是求助者在接受治疗的同时又准备毕业论文，但直到离校的那天，症状也未见好转。看着周围的同学逐渐找到工作，自己不仅工作没着落，还有病，内心不免焦虑，担忧自己要是治不好病该怎么办？难道以后凸着眼珠去见人吗？渐渐减少与同学的联系，情绪低落，不愿意外出见人。

甲状腺功能亢进症（简称甲亢），是甲状腺素分泌过多，进而导致多器官功能障碍的一种内分泌系统的疾病。

甲状腺激素与神经系统的生长发育和功能活动密切相关。有研究显示，接近一半的甲亢患者会有精神障碍。甲亢患者以神经系统兴奋性增高为主要表现，如急躁、易激惹、自制力差、情绪不稳，注意力不集中，严重者可有狂躁等精神失常。少数患者情感淡漠，易恐惧、焦虑或抑郁。长期严重的甲亢患者可发生记忆障碍、工作能力减低、环境适应性差等智能障碍。然而，在这些症状中，也混杂有发病前患者的个性心理特征表现，如敏感多疑、焦虑、有忧郁倾向等，对甲亢的发病也有一定的病因意义。患甲状旁腺功能亢进时，因高钙可导致幻觉、有定向障碍、狂躁甚至昏迷等急性精神症状，应注意与甲状腺功能亢进症相鉴别。

（三）甲状腺功能低下的身心反应特点

案例：

求助者：男性，18岁，高中文化。

求助者本来是个阳光活泼的孩子，喜欢和同学玩闹，但在高考前半年突然不喜欢说话，有的时候表情呆呆的，上课也集中不了注意力，成绩下滑得很厉害。老师开始感觉到了他的异常，问其他同学，才知求助者的情况。老师感到事情严重，以为是高考的压力导致的，问过求助者后，发现他自己也不知道怎么回事，称对高考没有什么太大的压力，就是提不起精神来，还会怕冷，没什么食欲。于是老师通知家长带他去医院检查，发现得了甲状腺功能低下症。

甲状腺功能低下症（简称甲低），由于发病年龄不同，对患者的病理生理及心理影响不同，临床症状亦有差异。如甲低发生于胎儿或出生后不久，表现为呆小症，即克汀病；如甲低发生于儿童时期，表现为幼年黏液性水肿；发生在成人期，表现为黏液性水肿。但不论甲低发生于哪个时期，都是因为甲状腺素分泌过少，引起代谢慢和其他内分泌紊乱，而出现心理障碍及神经系统病变症状。

甲低患者可见主动性减退、迟钝、无力、淡漠、易疲劳、情绪低落、轻度智能障碍等症状，并常伴有失眠、嗜睡、怕冷、食欲不振、性欲减退等。有研究显示，在甲低患者中有严重精神障碍的可出现发作性精神错乱—谵妄状态，也可呈现被害妄想、幻觉或木僵等类似精神分裂症者。呆小症常伴有精神发育不良、智能受损等症状。

甲状旁腺功能减退症，常有恐惧、焦虑、多疑、急躁、失眠、多梦等类似神经官能症的表现。严重者可有智力减退、痴笑或木呆、表情幼稚等表现，应注意与甲状腺功能减退症相鉴别。

（四）糖尿病的身心反应特点

案例：

求助者：女性，31岁，本科文化。

求助者在半年前无明显诱因出现口干、多饮、多尿、多食的症状，同时体重下降。想起家中有糖尿病遗传史，于是去医院检查，确诊为“2 型糖尿病”，开药回家调理，用药不详。随后的时间里，求助者经常面带愁容，表情悲伤，喜欢安静独处，常常觉得精力不足，对唱歌的兴趣下降，而且对近期发生的事情经常遗忘。

随着现代物质生活水平的提高，人们的膳食营养结构发生了很大变化，体力活动减少，营养过剩成为导致糖尿病病例增加的原因。糖尿病是一组以胰岛素分泌缺陷和（或）胰岛素作用缺陷而引起的慢性、持续性血糖增高为特征的代谢紊乱性疾病。糖尿病可以分为 1 型糖尿病、2 型糖尿病、特殊类型糖尿病、妊娠期糖尿病四种类型。

临床主要表现为：代谢紊乱症候群，即多尿、多饮、多食和体重减轻（俗称“三多一少”）。部分患者可无明显的“三多一少”表现，仅因各种并发症而就诊或常规体检时发现高血糖以及糖尿。

临床早期无症状；症状期有多食、多饮、多尿、烦渴、善饥、消瘦或肥胖以及疲乏无力等症状，特征为血糖过高、糖尿、葡萄糖耐量降低和胰岛素释放试验异常；久病者常伴发心脑血管、肾、眼及神经系统等病变；严重者可发生酮症酸中毒、高渗昏迷或乳酸性酸中毒而威胁生命。糖尿病患者对各种感染的易感性比一般人大得多，细菌、霉菌和病毒等病原微生物都很易侵犯，而且无孔不入，通过皮肤感染，表现为反复发作的皮肤炎症和瘙痒；通过泌尿系统感染，发生尿道炎、膀胱炎和肾炎；通过呼吸系统感染，发生肺炎、肺结核；通过消化系统感染，发生胆管炎、胆囊炎；严重的感染还可以危及心脏和肝、脾。感染之所以能带来这些危害，主要是因为血糖升高有利于某些病菌生长，同时又抑制了白细胞对病菌的吞噬杀伤能力，使机体对感染的抵抗力降低。

由于中晚期可能会引起心、胃、脑、神经血管等多系统并发症，严重影响生活质量甚至生命。患者可以产生记忆力下降，特别是短期记忆力减退、注意力集中困难、智力减退等症状。由于胰岛素不足引起大脑代谢紊乱，临床上可出现情感不稳、神经衰弱综合征、食欲减退、癫痫样痉挛发作和焦虑抑郁状态，严重时可出现意识障碍和幻觉妄想。

多数糖尿病患者患病后，心理上产生一定的压力，从而出现紧张、恐惧、忧虑和焦虑的情绪。由于长期控制饮食，患者原有的饮食习惯被改变，无法享受到美味佳肴，无法与亲朋好友开怀畅饮，因而对自己不能与正常人一样生活感到悲观失望，有的甚至失去治愈的信心。

当患者被诊断为糖尿病时，会产生各种不良情绪。常见的心理有：

（1）焦虑烦躁：由于缺乏对疾病的正确认识，以及患病后生活方式的改变，患者焦虑、烦躁，夜不能寐。

（2）急躁易怒：患者常会因为糖尿病带来的种种烦恼而感到愤怒，遇人遇事爱发脾气。发怒会加重病情。

（3）紧张恐惧：患者认为糖尿病是不可根治的终身疾病，担心糖尿病各种并发症的发生，出现紧张和恐惧的心理。

（4）忧郁悲观：患者对治疗丧失信心，终日忧心忡忡，陷入悲伤之中，甚至产生绝望和厌世的念头。

四、患癌后的心理问题

案例：

求助者：男性，49 岁，高中文化。

求助者在三个月前确诊结肠癌，因医生是求助者的好朋友，所以拒绝给求助者用手术、化疗、放疗等普遍运用的治疗方法治疗，因为他看过太多的例子，几乎没有病人能活下来，而且在治疗的时候都很痛苦。回家后，求助者自知生命不长，为了不拖累家人，表现得跟平常一样，但在夜深人静或自己一个人独处时则暗自神伤，以至于经常失眠。

癌症（cancer）是各种恶性肿瘤的统称，指以不可控制的恶性细胞生长和扩散，以及组织浸润为特征，并经病理检验确定符合卫生部公布的标准归属于恶性肿瘤之列的疾病。机体任何组织都会发生肿瘤，可分为良性瘤和恶性瘤。

癌症是一种严重危害生命健康的常见病、多发病。在我国，其发病率和死亡率均有逐年升高的趋势。虽然有一些癌症现在已经能够控制，但离攻克尚有很大一段距离。对于很多癌症，在目前的医疗水平下，还没有理想有效的方法。癌症不仅对病人的心理造成很大影响，对于他的家庭来说也是一个很大的打击。

患癌后不同疾病阶段的心理问题：

1. 诊断和复发时的心理反应

癌症对于大多数人是一种严重的心理应激源，确诊时会产生各种心理反应。这种反应十分复杂，在情绪上可表现为否认、恐惧、焦虑、愤怒、悲伤、无助、死亡和威胁，以及油然而生的“宿命观”等；行为上表现出过分防御、回避、反复求医或过分乐观等；在社会适应上，会影响家庭、婚姻和工作。常见的心理反应有以下几种：

（1）否认：否认是癌症患者早期对诊断结果普遍存在的一种防御心理。患者认为自己不可能患癌，怀疑医生的诊断，四处求医，重复进行各种检查，企图否认诊断事实；压抑对疾病的各种情绪反应，不接受亲友的支持和帮助；照常工作、学习，但在情感上却表现出犹豫、孤独和被遗弃感；少数患者固执得近乎荒谬，拒绝治疗。

（2）恐惧和焦虑：癌症患者一旦知道诊断结果，几乎都会出现恐惧心理，害怕丧失生活、劳动能力，害怕失去亲友，害怕缓慢而痛苦地死亡，因而表现出易激惹、注意力不集中、日常活动能力受限、睡眠障碍及食欲减退等一系列难以言表的失常状态，以至于整日忧心忡忡、焦虑不安。

（3）愤怒：癌症患者在受到挫折和滋生无助感的情况下，通常会产生敌对、愤怒情绪，看什么都不顺眼，常对治疗、护理及家属照顾上的某些不合意的小事而大发脾气，甚至对周围人的健康、快乐表示嫉妒。

（4）抑郁：当患者对自己的诊断确认无疑时，认为癌症使其无路可走，常陷入痛苦、抑郁之中。

（5）孤独：患病初期家属、同事对患者非常关心、同情，给予安慰，但随着病程的延长，他们逐渐会变得淡漠、疏远，患者因此感到孤独、寂寞，认为自己成了家庭、社会上的累赘，从而悲观、失望，处于极度的痛苦之中，甚至自责、自罪，长期忧郁甚而产生轻生的念头。

（6）期待：见于少数癌症患者的一种积极心态，他们仍对未来生活充满向往和追求。尽管癌症造成躯体、心灵上的严重创伤，但仍期待医生、家属及同事的安慰和体贴，寄希望于医生的努力、亲朋的四处求医问药，企盼能转危为安，把来自各方面的关心作为康复的动力。因此，哪怕是微小的转归，对这些患者都会变成莫大的鼓舞，从而增强战胜病痛的信心。

2. 躯体治疗时的心理反应

癌症患者在进行常规的躯体治疗时，常会产生种种心理反应，这些反应会影响疗效与预后，故应予以高度重视。

（1）手术患者的心理反应：手术对癌症患者是一种严重的心理刺激，除一般手术所造成的心理紧张外，癌症患者对手术的危险性常过分担忧，这是其心理应激的重要根源。术前，主要担心手术能否顺利进行，能否根治；术中，则担忧癌症是否扩散，并因此引起恐惧和焦虑；术后，尤其某些根治术后则常为肢体残损而伤感不已。此外，术后亲友对手术效果的不同评价、社会的支持不够等也可能使患者术后产生焦虑、抑郁、消沉、悲观和绝望等消极情绪。

（2）放射治疗患者的心理反应：接受放射治疗的患者在治疗前对有关知识缺乏了解，过分注意治疗引起的副作用，故在放射治疗中会产生恐惧、抑郁、焦虑等情绪；放射治疗后，局部组织可能出现坏死、反复溃烂、色素沉着等现象，这些可促使患者对放疗的效果持怀疑态度，担心癌细胞转移或怀疑得了其他放射病，这些都使其情绪更加强烈。

（3）化学治疗患者的心理反应：一般化学治疗初期疗效较好，但经过一段时间后，会发生各种不良反应。药物的直接影响和药物副作用共同作用，会导致患者一系列严重的情绪反应，以至于患者表现出悲观、紧张、疑虑、恐惧、抑郁等心理反应。化疗之前对它的担忧、恐惧等也常促使其心理问题更严重。

3. 癌症康复过程中常见的心理问题

经过系统治疗后，大多数癌症患者的生理状况恢复良好，如果康复治疗顺利，绝大多数患者可达到躯体功能的基本康复。在康复过程中，患者会出现各种心理问题，包括：

（1）恐惧心理：患癌及其治疗的不良感受和体验不会马上消失和淡忘，会时时浮现在患者的脑中，引起恐惧和其他不良的情绪反应。另外，对转移、复发和治疗不够彻底的担忧也是导致患者恐惧的主要原因。

（2）自卑心理：癌症的治疗可能破坏了个体形体的完整或美观，如乳腺癌根治术等，会导致个体产生自卑心理。

（3）抑郁情绪：患病使个体丧失了健康、美丽甚至丧失了经济和社会地位。这些丧失带给患者的直接感受就是不愉快。加之癌症的康复期较为漫长，某些丧失和功能障碍是永久性的，患者会产生因自己患病而拖累家人的想法，使抑郁情绪加重。

（4）躯体主诉：患病使个体经历了痛苦的体验，并得到了家人的照顾，长期的病人角色使患者安于现状，不敢或不想再承担正常人的责任。因此，患者的躯体主诉较多并与康复程度不相符合。加之患者处在这样或那样的不良情绪之中，导致自主神经功能紊乱，躯体不适感随之增加。

4. 晚期患者的心理反应

随着癌细胞的损害日趋加重，病情恶化，各种器官、组织生理功能严重衰竭。加之治疗的副作用，患者受各种症状的折磨，其情感反应也常更加复杂、强烈。晚期癌症患者的情感反应可归纳为3个阶段：

（1）否认期：常出现于相对早期，此期患者不接受将要死亡的事实，希望得到对其病情危重的否定性结论，受强烈求生欲望的支配，忌讳别人谈及与自己疾病有关的任何事情，且常常回避与死亡及后事有关的问题。

（2）恐惧期：出现在中晚期，当患者最终得知自己的病情确实已失去挽救的希望，面临死亡已无回天之力时，就会变得异常恐惧、怨恨，甚至处于愤怒的恶劣情绪之中。表现为对周围任何人和事都异常反感，稍不如意就大发脾气，产生恐死心理。在白天这种情绪尚能控制，到夜深人静的时候，则多半无法控制，以致彻夜不眠，有的在孤独、绝望和焦虑情绪的支配下寻找自杀办法以早日了此残生。

（3）接受期：此期患者感到不久将离开人世，一切努力都无济于事，反而对死亡失去恐惧，心理相对渐趋平衡，表现为异常的平静，表情淡漠、沉默不语且少动。有的希望看到家人、亲友，或回到家中，对即将来临的死亡有了一定的心理准备。

第二节　身心相互影响的机理

一、大脑是心理活动的基础

（一）脑的进化与心理功能

动物的行为特征主要取决于神经系统的进化水平。在进化的最初阶段，动物只有弥散的或网状的神经系统，能接受信息和支配运动，但不存在对信息的加工和对行为的调节。随后出现的具有头部神经节的动物就已具备一定的信息加工能力，但其行为基本上是反射性的和本能性的。

人脑的形成大约经历了10亿年，其中发展较晚的大脑皮层在调节人体机能方面起主导作用。它不仅对各种机能进行全面而又精细的调节，同时由于社会生产劳动和语言的发展，使其和动物脑有了本质的区别，能够具有抽象思维能力，也成为进行意识活动的物质基础。

（二）个体成熟与心理功能

个体发育成熟和心理成熟平衡的过程也证明心理的基础是成熟的大脑。

孩子出生时由于神经细胞缺乏髓鞘，大脑皮质功能尚未健全，所以也就没有感觉、知觉、思维、想象、情感、意志等心理功能之分，只是泛泛的激动，动作也不协调。随着个体的成长，大脑皮质的发育成熟，神经细胞的髓鞘形成，大脑的逐步完善，逐渐出现了各种具体的心理活动，动作也变得协调。

（三）大脑皮质的三级功能区与心理功能

根据大脑皮层的结构和机能特点，把大脑皮层分为三级功能区。

一级区又称投射区或初级区（primary area），主要结构是皮层Ⅳ、Ⅴ层细胞。一级区的机能具有高度模式特异性，专门接受外周各种传入信息（听、视、体感）和专门发送出运动的指令。它在接受信息时是按照点对点的投射方式进行的，如初级视觉区各个部分与外周视野有非常确定的对应关系，而远端肢体在对侧初级躯体感觉却有明确的定位。损伤这些区域可引起特殊的感觉和运动机能障碍。

在每个一级区上增生着二级区，又称投射—联合区或单通道联合区（uni-modal association area），结构主要是皮层Ⅱ、Ⅲ层细胞。这些短突触细胞不向远处传递，但能够为皮层联合打下基础。对于与感知觉有关的大脑皮层，一级区产生感觉，二级区主要产生知觉；而对于运动系统，一级区主要与运动的执行有关，二级区则参与运动的编码和计划等较高级的功能。如损伤视觉联合区则只影响视觉功能而不影响其他感觉功能。

三级区又称重叠区或多通道联合区（multi-modal association area）。皮层后部的三级区位于顶、枕、颞二级区的交界处，其主要功能是对各种感觉信息进行整合，与注意有关。前部的三级区位于前额叶，它不但是运动系统的最高级机能区，同时也是边缘系统的高级控制区。三级区已失去通道特异性，损伤三级区并不能引起特异的感知觉功能障碍，也不会引起瘫痪，但可丧失对多种信息的综合分析和行为的计划组织能力，出现失认、失用、语言理解的表达障碍、工作记忆障碍甚至人格方面的改变。三级区在个体发生上是最晚成熟的，约7岁以前它不能充分发展，占整个大脑皮层的一半以上，其细胞主要来自Ⅱ、Ⅲ层。

（四）边缘系统的功能与心理功能

根据进化和功能的区分，人们将大脑半球内侧面胼胝体周围和侧脑室下角底壁周围额弧形部分称为边缘叶（limbus lobe）。它们包括隔区（胼胝体下区）、扣带回、海马旁回、海马和齿状回等。边缘叶和有关的皮质下结构包括杏仁核、下丘脑、上丘脑、背侧丘脑前核和中脑被盖等，合称为边缘系统

(limbus system)。这一系统在种系发生上出现较早，纤维联系也十分复杂。边缘系统是低等动物获得应对环境变化经验的最高中枢，和嗅觉与内脏活动有密切关系，并参与个体生成和种族繁衍功能（如觅食、防御、攻击、情绪反应和生殖行为等）。

（1）丘脑（thalamus）。丘脑是间脑中最大的核团，对称地位于第三脑室的两侧。除嗅觉以外其他所有感觉冲动在传入大脑皮质特定的区域之前都要经过丘脑的特异性中继核团，再由中继核团发出的纤维形成特异性的投射系统。丘脑这个中继站不仅将来自外周感受器的各种感觉冲动传入大脑皮质，而且对传入的感觉信息进行初步的加工整合。丘脑会对触、温、冷以及疼痛刺激产生粗略的感知，这些粗略的感知还常伴有厌恶或愉快的情感性质。丘脑和大脑皮质间存在着广泛的往返联系，大脑皮质的下行纤维对丘脑有抑制作用。解除这种抑制可导致丘脑过度活动，产生感觉的过敏和异常。丘脑损伤会导致对侧身体的感觉障碍，如丘脑膝状体动脉栓塞时，可造成一侧丘脑的部分损伤而产生“丘脑综合征”，表现出对侧半身的感觉障碍，痛、温觉阈值增高，精细辨别性触觉和运动觉严重受损；同时还可出现明显的情感性色彩，如对一般的温度刺激可引起厌恶等感觉，还表现出痛觉过敏甚至感觉错乱。

（2）杏仁核（amygdala）。杏仁核是边缘系统的最关键的核团之一，附着在海马的末端，呈杏仁状，由中央核和外侧基底核组成，是增强惊跳反射的最重要的脑区。情绪生理或行为反应一般由中央核控制，而中央核也接受外侧基底核的调节。外侧基底核主要通过三条途径接受来自外界或中枢的危险信号，即感觉联合皮层、听觉皮层和丘脑听觉中枢的直接传入。杏仁核的外侧和基底外侧的细胞能够接受视觉和听觉方面的信息，再传到中央核，中央核的传出纤维投射到中脑的中央灰质区域，信息被传至位于脑桥的负责惊跳反射的核团。从杏仁核到脑桥通路中的任何一环出现问题都会影响对恐惧的学习，这对动物逃避危险具有重要的生物学意义。

（3）海马（hippocampus）。海马是位于丘脑和大脑皮质之间的一个结构，在侧脑室的底部形成弓形隆起，头端呈扇形膨大，形状酷似海马，膨大的头端和延长的尾部合称为海马结构，是边缘系统最重要的结构。海马在学习记忆中起着信息筛选或调度的作用。海马头端主要通过旁嗅球联络大脑皮质不同感觉区，在特定种类的记忆保存和提取中起着重要的作用，是机体感觉和运动的整合区。海马接受各种形式的感觉（嗅觉、视觉、听觉和躯体感觉系统）传入冲动，发出的纤维广泛投射到新皮质和脑干中枢。海马神经元对伤害性刺激（疼痛）有反应，不仅海马和情绪活动相关，又是学习、记忆的重要解剖基础和神经中枢，与短时记忆、情节记忆有关，还与认知功能密切相关。海马结构受损，可表现出短时记忆受损、陈述性记忆受损、情景记忆严重受损。如切除海马的患者会不厌其烦地反复阅读同一本杂志，有时候会对他人讲一些有关他儿时的故事，紧接着在 1 ~ 2 分钟之后再次对同一个人讲述同样的故事。海马是陈述性记忆，处于情景记忆的关键位置。虽然海马受损的患者对新近发生事件的记忆存在严重障碍，但对新获得技能的记忆却没有困难。海马受损的人尽管认知功能（如语言、思维等）保持相对完好，但其情景记忆严重丧失，可表现为对生活中发生过的任何一件事都无法进行描述，如看到相册里过去的家庭照片时，患者能认出照片中的人以及一些地方，却回忆不起照片里所发生的任何一件事。

（4）纹状体（striatum）。纹状体包括尾状核和壳核。纹状体是基底核中主要接受来自大脑皮质和某些皮质下结构的传入纤维。尾状核接受联络皮质来的纤维传入，与高级神经活动和情感活动有关。纹状体也是大脑多巴胺回路的重要组成部分，大脑的多巴胺神经回路涉及大脑的许多高级认知活动，如学习、计划和选择。纹状体边缘区是脑内血氧供应最快速和丰富的部位。纹状体的边缘区与学习记忆脑区有密切联系，并具有调控的功能，是脑内一个新的学习记忆中枢。

（5）扣带回（cingulate gyrus）。扣带回是边缘系统的重要组成部分，位于大脑半球内侧面、扣带沟与胼胝体沟之间，将胼胝体不完全地包裹。扣带回与其他脑区之间有广泛的联系（多为双向性），接受来自丘脑前核、新皮层的投射，同时也接受来自脑的体感系统的输入，参与多种个体与种族生存有关的功能以及情绪反应，与情感、学习和记忆密切相关。扣带回受损可影响个体的情感反应。

二、内分泌是中枢神经调节中的重要一环

神经内分泌与心理活动密切相关，许多心理疾病都存在内分泌异常症状，而许多内分泌系统的疾病，如库欣综合征、艾迪生病、甲状腺功能亢进、甲状腺功能低下等，常伴有精神障碍。

（一）内分泌腺的分类及功能

内分泌对人类行为有很大影响，它可以决定身体的发育、一般的新陈代

谢、心理发展、第二性征的发展、情绪行为和有机体的化学合成。内分泌系统和神经系统是从共同的系统演化而来的，它们都是细胞间实现沟通的化学信使。内分泌系统由内分泌腺和分布于其他器官的内分泌细胞组成。内分泌腺是人体内一些无输出导管的腺体。下面介绍几种与人们心理现象直接有关的内分泌腺。

1. 甲状腺

甲状腺位于气管下端两侧，左右各一个。它所分泌的激素为甲状腺素，能促进机体代谢机能，增进机体发育过程。甲状腺功能亢进，可使人胃口大增，患者狂吃、狂喝，但不增加体重，他们变得过分敏感和紧张。相反，甲状腺分泌不足，则使人反应迟钝，记忆减退，容易疲劳。如果儿童患甲状腺素分泌不足症，发育会停滞，骨骼和神经系统发育不全，表现为呆小症。患者身体矮小，智力落后，记忆和思维的发展不及正常的儿童，严重者将会成为白痴。

2. 副甲状腺

副甲状腺为甲状腺包裹内四个卵圆形的小体。它所分泌的激素为副甲状腺素，对保持血液和细胞内钙的浓度有重要的作用。副甲状腺分泌不足，会使人反应迟钝，肢体运动不协调。

3. 肾上腺

肾上腺位于肾上端，左右各一个。每个肾上腺又分皮质和髓质两部分。肾上腺皮质分泌的肾上腺皮质激素能维持体内钠离子及水分的正常含量。人体缺少肾上腺皮质激素会出现精神萎靡、肌肉无力等症状。肾上腺髓质分泌肾上腺素和少量去甲肾上腺素，能使交感神经兴奋，促使血压升高、心率加快、胃肠肌肉松弛、瞳孔放大，因而对机体应付事变有重要的作用。

4. 脑垂体

脑垂体位于大脑底部，有一个漏斗形短柄与脑相连。脑垂体由前叶、中叶、后叶三部分组成。前叶分泌生长激素、促性腺激素、促甲状腺激素、促肾上腺皮质激素等。中叶分泌黑素细胞扩张素，作用于皮肤的色素细胞。后叶分泌血管加压素、子宫收缩素、抗利尿素。摘除脑垂体将使幼小动物的生长停顿、甲状腺及肾上腺萎缩、性腺萎缩、性机能衰退、机体极度消瘦、排尿量明显增加等。由于脑垂体分泌的激素较多，并能控制多种不同的内分泌腺，因而具有“主腺”的称呼。

5. 性腺

女性的性腺叫卵巢，男性的性腺叫睾丸，它们分泌不同的性激素（荷尔蒙)。卵巢分泌雌性激素和孕激素，分别控制排卵、怀孕和月经周期。睾丸分泌睾丸激素，刺激精子的产生。性腺还促进第二性征的发育，如乳房的发育、声音的变化等。

(二) 内分泌轴的分类及功能

由于内分泌腺中脑垂体的特殊作用，中枢神经系统调节内分泌腺的活动有两种不同的方式：一种是通过植物性神经系统直接支配的；另一种是通过下丘脑神经核，先影响脑垂体的活动，然后由脑垂体分泌各种激素，进一步调节其他内分泌腺的活动。在中枢神经系统内有许多神经肽通过各种激素轴起重要的调节作用。

1. 下丘脑—腺垂体—靶腺轴

此轴的结构基础是下丘脑接受来自大脑皮层和边缘系统的传入冲动，同时分泌释放激素或抑制激素影响腺垂体，释放促靶腺激素调节外周靶腺素释放。

(1) 下丘脑—腺垂体—肾上腺轴（HPA）。从大脑皮层和边缘系统发出的信息到达下丘脑，影响垂体激素的释放或抑制。垂体释放促激素，刺激效应器释放激素，所以释放的激素均可反作用于垂体。促肾上腺激素释放因子（CRF）使垂体释放促肾上腺皮质激素，外周肾上腺皮质释放皮质醇。促肾上腺皮质激素（ACTH）对皮质醇水平实施调控。皮质醇在应激反应中起到重要作用，能够控制心境和行为反应，还能在中枢神经系统中调节蛋白质和酶的合成。如在临床上，库欣综合征，常表现为抑郁、狂躁、淡漠、疲乏、意识模糊和精神病症状等。艾迪生病患中，有30% ~50%的患者表现出抑郁症状。

(2) 下丘脑—腺垂体—性腺轴（HPG)。下丘脑的促性腺激素释放激素通过垂体的黄体生成素（LH）和卵泡刺激素（FSH）两种促性腺激素，调节雌激素、黄体酮和雄激素的合成。后者调节性功能和控制性激素的分泌、青春期的发育、月经和绝经等。此外，神经性厌食也是性腺调节系统病理改变的一种行为表现，特别是青春期类型。许多严重的精神疾病患者发病在青春期，可能与性腺调节系统突然发生改变有关。

(3) 下丘脑—腺垂体—甲状腺轴（HPT)。由下丘脑释放促甲状腺素释放素（TRH）到达垂体，使垂体释放促甲状腺素（TSH）到达效应器官甲状腺，促进甲状腺释放甲状腺素（T3、T4)。TRH 广泛存在于大脑皮层、脑干、脊髓、脑室周围、杏仁核和基底神经节。在受到刺激时，TRH 从神经元释放，具有神经递质的效应。所以，TRH 既有内分泌作用，又有调节情绪的作用，许多精神病症状与甲状腺功能障碍相关。这个系统对中枢神经的发展和生长发育起关键作用，还参与情绪和行为调节，脂肪、糖和蛋白质代谢的调节，并对心血管功能产生影响。如甲状腺功能亢进可引起焦虑不安、易激惹，而甲状腺功能减退会导致抑郁、认知功能减退等症状。

2. 下丘脑—神经垂体轴

下丘脑的视上核和室旁核合成的血管升压素和催乳素，通过神经纤维投射到神经垂体，在此释放进入血液，对血压及水吸收等全身功能产生影响；催乳素与分娩时子宫收缩及泌乳有关。疼痛、应激、运动和使用吗啡等，可使血管升压素释放增加，而酒精可使之减少。

3. 蓝斑—去甲肾上腺素（交感—肾上腺髓质）轴

脑桥上部的蓝斑含大量去甲肾上腺素能神经元。其纤维投射到大脑皮质、下丘脑和丘脑以及边缘系统。后者作为自主神经的高级中枢，在皮质的调控下，通过影响交感神经的活动调节肾上腺髓质的肾上腺素的分泌功能，从而使机体对应激做出整体反应。

第三节　身心疾病的评估

一、心理评估

1. 一般表现（包括意识状态、仪态、态度与举止、接触、注意等）

意识状态：意识是否清楚是疾病诊断的重要前提。边谈话边观察谈话能否唤起求助者的注意，注意力是否集中或转移，对问题能否理解，应答速度、定向和记忆有无改变等，并结合表情作出判断。

仪态：是否整洁，着装是否整齐，有无过分装饰或不修边幅，皮肤有无伤痕。

态度与举止：安静自然或活跃、迟缓、单调、沉默、紧张、敌对、敏感等。

接触：指求助者跟心理咨询师和周围其他人的交往情况，可用良好、欠佳、不良等描述。

注意：从求助者的眼神、面部表情、举止和言语等来观察，可用持久集中、短暂集中、涣散、随境转移、迟钝、增强、机警等描述。

2. 感知觉障碍

对感觉主要是观察有无感觉过敏、减退、倒错和内感性不适等；对知觉主要观察有无错觉、幻觉与感知综合障碍。可直接询问，或通过观察表情与行为表现间接了解感知障碍的种类、内容与性质，如问："你是否经常听到有人在说你什么?""是男人的声音还是女人的声音?""旁人听到没?""你思考时是否立即听到声音?""你感到身体内部都好吗?"若求助者表情紧张、东张西望、出现攻击或逃避行为，则表明求助者可能有错视或幻视；若求助者以棉花塞耳或塞鼻，则表明求助者可能有幻听或幻嗅；若求助者以猜疑目光注视并拒食，则表明求助者可能有幻味。

3. 思维障碍

（1）有无思维逻辑障碍可以通过观察和交谈了解求助者的言语表达情况来判断，包括说话时音调高低、语流速度和言语内容等。检查有无自言自语，言语增多或减少、中断；回答是否切题、前后连贯性如何、有无联想散漫、思维破裂、中心内容是否明确；有无病理性赘述、意念飘忽、音联意联、重复言语、模仿言语及创新词等；有无强制性思维、思维被夺、思维插入等，并询问其主观体验，如问："你觉得自己可以完全控制思维吗?""是否觉得自己思考受别人支配？或突然思考消失，或有某种思考插入你的脑中?""对这些现象你有什么想法?"应对求助者的原话如实记录。

（2）有无思维内容障碍可以通过与求助者谈话了解其思维内容有无妄想、强迫观念等来判断。大多数求助者能在谈话中暴露思维内容；有些有被害妄想的求助者由于不信任谈话者而隐瞒，此时需多次谈话并获得其信任。检查时要善于启发诱导，使其愿意倾吐实情；对妄想内容不要轻易说服或否定，以免招致其反感；更不能滥施同情，以免求助者对妄想内容更加坚信不疑，如问："邻居或单位同事对你好吗?""是否经常同你作对或谈论你什么?"（被害妄想）"你常常觉得旁人一举一动与你有关吗？为什么?"（关系妄想）"你的才能如何？有什么创造或发明?"（夸大妄想）等。有关妄想的内容应对求助者的原话如实记录。判断有无妄想，除提问外，有时可以从求助者的表情及行动中得到线索。

4. 情感障碍

既要观察外部表情，又要询问内心体验，特别要注意观察求助者的眼神和面部表情，有无情绪高涨、低落、脆弱、爆发等，有无焦虑、易激惹、表情倒错、恐惧、病理性激情、病理性恶劣心境、强制性哭笑等。如问："近来你感到高兴吗?""你最近的兴趣如何?""为什么高兴?""为什么不感兴趣?"等。在了解其内心体验时，还应注意是否与其外部表现协调一致。

5. 意志和行为障碍

通过谈话了解求助者的意志活动是否存在增强、减退、缺乏、倒错及矛盾意向，如问：“你对今后有何打算？”“在医院里你感到生活得怎样？”“有何要求？”观察求助者动作及行为方面有无动作增多或减少、兴奋、怪异动作、被动服从、蜡样屈曲、刻板动作、抗拒症、模仿动作、木僵状态、作态甚至紧张综合征等。

6. 定向障碍

对时间、地点、周围人物及本身的辨别能力，分为良好、尚良、不良三级。如问：“今天是几号？星期几？”“你现在在哪里？”“你叫什么名字？多大岁数？”记录求助者回答的原话。有意识或记忆、智力障碍时易出现定向障碍。

7. 记忆障碍

分近记忆和远记忆两种。通过对近日发生的事情及以往经历的回忆分别了解两种记忆情况，检查是否存在记忆增强、记忆减退、遗忘、错构与虚构、潜隐记忆等。如问“你昨天晚餐吃了什么？”“你是怎么来这里的？”“你以前做什么工作？”“你以前到过哪些地方？”等。记忆检查结果可用良好、欠良、不良来描述。

8. 智能障碍

一般包括计算、常识和判断能力。

（1）计算：测定智力的常用方法，有助于了解病人的注意、计算数字的保持能力。用心算连续递减，如 100 − 7 = 93，93 − 7 = 86，86 − 7 = 79……，有错误时在相应数字下画出“ − ”，计算 100 − 7 有困难时可改用 100 − 3 或用个位、十位数加减法检查。计算检查结果用良好、欠良、不良来描述。

（2）常识：按求助者的文化程度，提问生活中熟悉的知识。如问：“一年中有几个季节？”“我国首都是哪个城市？”等。检查结果用良好、欠良、不良来描述。

（3）判断：提出同类的两种不同事物，要求助者说出本质的异同点以测定其抽象思维能力。如问“鸟和鱼有什么共同点和不同点？”等。判断结果用良好、欠良、不良来描述。

9. 自知力

自知力指求助者对自己心理状态的认识和判断能力。如问：“你认为自己有病吗？”“哪些地方出了问题？”等。检查结果用自知力存在、部分存在、丧失来描述。自知力存在是指求助者对自己的心理异常有确切的认识，并能说出为什么有病，病态表现及对病态的认识。自知力丧失是指求助者对自己心理异常的各种表现没有认知能力，不承认有病。经过治疗，病情好转后，自知力也随之恢复，故判断自知力是否恢复是检验求助者心理疾病是否好转的重要标志。若病情好转，但自知力未恢复，仍不能认为求助者病已缓解或痊愈。

二、简单自测

（一）男性更年期自测

如果你想知道自己是否步入更年期，请完成以下测试：

测试一：

（1）近期是否常常感到困倦？

（2）是否感到乏力和注意力难以集中？

（3）身高是否变矮？

（4）是否对目前的生活感到乏味和失去信心？

（5）是否变得多愁善感和脾气暴躁？

（6）近来性欲是否下降？

（7）阴茎勃起是否还像年轻时一样有力？

（8）是否注意到运动能力的下降？

（9）近来工作上的表现是否不佳？

（10）是否总是在餐后昏昏欲睡？

测试二：

1. 第一组体能症状：

（1）全身乏力；

（2）难以入睡；

（3）没有食欲；

（4）骨骼和关节疼痛。

2. 第二组血管舒缩症状：

（1）阵发潮热；

（2）阵发出汗；

（3）阵发心悸。

3. 第三组精神心理症状：

（1）总是健忘；

（2）注意力难以集中；

（3）无缘无故地恐慌；

（4）烦躁易怒；

（5）对喜爱的事物失去兴趣。

4. 第四组性功能症状：

（1）对性失去兴趣；

（2）对性感的事物无反应；

（3）不再有睡眠阴茎勃起；

（4）性交不能成功；

（5）性交时不能勃起。

评分标准：

测试一：如果对其中3项或3项以上的问题做出肯定的回答，说明已表现出男性更年期综合征的可疑性，应该去咨询内分泌科医生进行临床检查。

测试二：具体打分办法为：答“是”为3分，答“经常”为2分，答“偶尔”为1分，答“没有”为0分。综合评分符合以下公式，说明有男性更年期综合征的可能：体能症状+血管舒缩症状≥5分，或精神心理症状>4分，或性功能症状≥8分。

（二）甲状腺功能亢进自测

请判断以下的情况，你是否经常出现：

（1）我感到亢奋，容易生气；

（2）我的心跳加速，心悸，多食易饿，对周边事物变得极其敏感，全身肌肉无力；

（3）我的体重下降，大便次数明显增多；

（4）我的眼睛有点突出，怕热多汗。

上面所述是甲亢的典型症状，属于甲亢发展到一定程度时的症状，如果你有上面的2种以上（含2种）症状，那么说明你患甲亢的概率比较大了。此外，如果你没有上面所述的那么多症状（2种以下），就要警惕在甲亢早期、症状较轻时的情况。

观察自己，是否经常出现：

(1) 烦躁易怒；

(2) 情绪敏感、易激动；

(3) 多言、易紧张、失眠；

(4) 思想不集中、多猜疑；

(5) 多汗、怕热、大便次数增多或腹泻；

(6) 心动过速、心悸；

(7) 食欲亢进、体重下降、疲乏无力。

当有这类症状时，应该及时咨询医师或进行甲状腺疾病专科体检，早发现早治疗。

家庭简单自测：

(1) 在平静状态下测心率（参考值：普通人每分钟 60 ~ 100 次，甲亢 100 次以上）；

(2) 双臂向前平举，看双手是否颤抖。

(三) 甲状腺功能减退自测

甲减的症状并不十分明显，常常被忽略，有时候还会被误诊。在以下 10 种表现中，若有 5 种或以上你都符合，那么你就可能不是简单的亚健康，而是甲状腺功能减退了。

(1) 常常感到疲乏、犯困，体力和精力不足；

(2) 大脑思维迟钝，注意力很难集中，记忆力下降；

(3) 体重有所增加；

(4) 皮肤变得干燥，指甲变得很脆、灰白易折断；

(5) 常常觉得冷（即使其他人觉得很舒服的时候也是如此）；

(6) 情绪低落、抑郁；

(7) 代谢慢了，有时还会便秘；

(8) 肌肉和骨骼僵硬疼痛，手感到麻木；

(9) 血压增高或心跳变慢了;

(10) 胆固醇水平增高了。

第四节　心理干预

除针对躯体疾病进行对症治疗外，还可以对身心问题进行以下的心理干预与处理。

一、提供心理支持

（请参照本书第一章第四节内容）

二、进行心理评估

（请参照本书第一章第四节内容）

三、开展健康教育

目标：通过提供身心疾病相关的科学知识，帮助求助者正确认识躯体疾病对心理健康的影响，积极面对疾病，提高防治身心疾病的效能感。

干预措施：

（1）帮助求助者认识身心疾病相关的病因、生理、病理以及发病机制，减轻焦虑。如更年期、糖尿病、甲状腺功能亢进等导致内分泌改变所产生的心理影响。

（2）纠正求助者对身心疾病的认识误区，避免对疾病的过度恐慌与担忧，鼓励其保持正常的社会生活。

（3）针对大脑损伤所导致的身心疾病，树立带病生存的理念，让求助者了解这些慢性疾病虽然无法根治，但可能有效控制，放下心理负担，积极配合康复治疗。

四、改善生活方式

目标：减弱不良生活方式的影响，建立积极的生活方式。

干预措施：

（1）帮助求助者意识到健康的重要性，认识到不良生活方式对健康的损害，认识到建立健康生活方式的意义和建立怎样的健康生活方式等。

（2）通过健康教育，向求助者传播健康信息，以转变求助者不合理的观念；促进求助者纠正不良生活方式，掌握良好健康行为的技术和技能；激励求助者保持良好的行为方式。

（3）充分利用心理分析和行为矫正方法，以解释、鼓励、宣泄、支持和移情为基础，提高求助者自我认识和自省能力。应用包括系统脱敏、厌恶疗法、标记奖励、观摩示范等在内的行为矫正治疗，传授新的学习方法和新的生活方式，打破旧的生活方式，改变原有的恶性循环链，建立新的生活方式。

（4）促进求助者养成不吸烟、少饮酒、合理饮食、经常锻炼这四项有益健康的习惯。

五、引导情绪管理

目标：学会合理地表达和宣泄自己的情绪。

干预措施：

（1）向求助者讲解情绪产生的原因和心理学意义。请求助者一起参加列举情绪成语的比赛，例如“怒发冲冠”“心平气和”“悲痛欲绝”“大喜过望”“心灰意冷”“心烦意乱”“乐极生悲”“自怨自艾”等，通过让求助者解释这些成语的含义和典故，明白各种情绪给人带来的不同体验以及不良情绪的消极影响。

（2）通过成语游戏传达一个认知心理学观点：认知或想法诱发了求助者的各种情绪，改变认知可以改变情绪。

（3）指导学习情绪宣泄、情绪转移、情志相胜等情绪调节的方法，练习用积极的意象对话、反向思维、人际沟通、唱歌等方法消解自己的负性情绪。

（4）根据求助者不同的年龄、性别、习惯、爱好以及文化素养等条件，建议充分开展有关绘画、书法、阅读、太极拳、演奏乐器、唱歌、广场舞等娱乐活动来表达自己的情绪，增进愉悦的心理体验，培养对生活的审美感。

（5）借助生物反馈仪，将躯体生理信息转变成易于感知的声光电信息，帮助求助者学习体验肌肉紧张和放松的感觉，掌握深呼吸和肌肉放松技术，提高对焦虑情绪控制的自我控制感。

六、强化社会支持

目标：改善人际沟通，建立良好的社会支持系统。

干预措施：

（1）协助求助者与亲朋好友建立良好的人际关系，向求助者讲解家庭支持功能对康复的重要性，鼓励家人与求助者多沟通，多给予求助者情感支持和生活上的关心。

（2）鼓励求助者依赖精神信仰、公开承诺、亲密友情作为自己的精神支柱。

（3）鼓励求助者加入相关的病友协会，经常与团体成员交流病患体验和康复经验，宣泄压抑的情绪，提高对康复的信心。

七、指导放松训练

目标：教授其掌握放松技术，降低对疾患的焦虑紧张程度。

干预措施：

（1）讲授交感神经和副交感神经的生理作用，以及与紧张焦虑和肌肉放松的关系等相关知识，帮助求助者认识到紧张焦虑和放松是可以经过训练加以控制的。

（2）运用专门制作的视频资料教授求助者学习姿势放松、意象放松、腹式呼吸、肌肉放松的方法，尤其是熟悉肌肉放松的生理指标：肢体的温暖感、沉重感。

（3）督促患者坚持每天做放松训练 1 ~ 2 次，检查完成情况并与其分享训练的体验。

呼吸道疾病、神经系统疾病患者不适宜采用放松疗法，因肌肉松弛导致的呼吸缓慢会加重呼吸衰竭。

八、注重自我保健

（一）脑血管疾病患者的自我保健

（1）保持情绪稳定，心平气和，要控制情感，避免过度的喜怒哀乐和激动，做到知足常乐、助人为乐和自得其乐。

（2）生活不宜紧张、劳累，要劳逸结合、有规律，做力所能及的工作或劳动。最好能培养一项以上的业余爱好以陶冶性情、丰富和充实生活。

（3）睡眠要充足。中午坚持午睡半小时；晚上睡前不要太兴奋、激动，避免看内容刺激的节目，让大脑静下来。如夜间醒来，不宜马上起床，要继续平卧半分钟，再在床上坐半分钟，然后双腿下垂床沿半分钟，最后再下床

活动。

（4）饮食要合理，切忌暴饮暴食。进餐不宜过饱，宜吃少脂、少糖、少盐食品。少吃动物油、巧克力、冰淇淋、油炸食品、电烤鸡鸭、动物内脏等，少喝浓茶。每天食盐5克为宜。多吃富含维生素、纤维素的蔬菜、水果、谷物，如芹菜、胡萝卜、芥菜、黑木耳、山楂、香蕉、花生、莲心等。

（5）衣裤、领带、裤带都不要过紧。弯腰不宜过度，不宜突然改变体位以防止诱发脑溢血。也不宜玩麻将、看球赛、打游戏机，防止情绪过分激动诱发脑溢血。

（6）适当进行体育锻炼，如步行、慢跑、打太极拳、练气功、骑自行车、打羽毛球等。早晨可走半小时，晚饭后散步半小时，做到适度、坚持。

（7）定期检查血压、血脂，如有条件应每月检查一次。

（8）加强对健康知识和健康方法的学习，根据自身情况选择富含不饱和脂肪酸的食品或其他保健品。如需用药应在医生指导下服用。

（二）甲亢患者的自我保健

（1）按时用药。遵从医嘱，按时、按量服药，不可随意停药或改变药量。需要服用其他药物时，应征得医生的同意，以免引起意外发生。

（2）调畅情志。精神刺激是此病发生的常见诱因，常因忧虑、情绪不安、精神紧张而症状加重。因此甲亢病人要注意调畅情志，修身养性，遇事不怒，静心休养，常听优雅动听的音乐，养成种花、养鱼、养鸟等习惯，以怡情养性，安静神志，逐渐消除精神症状。家人及同事也要对患者给予同情安慰、理解关心，避免与其产生直接冲突。

（3）劳逸结合。患者发病期间，应适当卧床休息。休息环境要安静，空气要流通。病轻者可下床轻微活动，以不感到疲劳为度，不宜过多操劳家务。当病情稳定后，应参与一些有益的活动、工作，以调节生活情趣，但不宜过劳，也不宜长期病休。

（三）甲减患者的自我保健

（1）适量补碘。甲减患者在平时饮食中可以适当吃一些含碘量高的食物以补充自身所需的碘元素。但是甲减患者切忌食用可引发甲状腺肿的物质。对于因缺碘而引起的甲减，应选用适量的海带、紫菜、碘盐、碘酱油适当补碘，同时注意限制脂肪类食物和固醇类食物的摄入量。

（2）补充蛋白质和热量。蛋白质和甲状腺功能有联系，所以甲减病人可以多吃一些富含蛋白质和高热量的食物以使甲状腺功能得到有效改善。患者可以多食用蛋类、鱼肉类等富含多种蛋白质的食物。适量补充高蛋白对病情更为有利。

（3）保持乐观心态、提高抗病能力。甲减患者要随时调节自己的心态，同时积极进行治疗，并有效预防感染的发生。家人也应该帮助患者树立治疗疾病的信心，避免不良的心理因素对疾病产生不利的影响。

（四）糖尿病患者的自我保健

1. 加强认识

糖尿病患者需要了解和认识糖尿病，正确地对待糖尿病，有效地治疗糖尿病。目前对糖尿病的诊治满不在乎的情况比较多见。这种病人常年不看病，不查血糖，也不去注意并发症的情况，情况十分危险，他们往往要为这种“不在乎”的态度而付出不可挽回的代价。

2. 养成健康的生活方式

顺应人体的生物钟，做到早睡早起。

3. 合理膳食

糖尿病患者要管住嘴，不吃含蔗糖、葡萄糖的食品。主食方面以粗粮为主，如荞麦、豆类、糙米；副食则以蔬菜、瓜果为主，如苦瓜、大白菜、西红柿、黄瓜、苹果等。在家有条件时，变三餐为 4 ~5 餐，这样可降低餐后血糖高峰，有利于血糖平稳。每天进食总量也不能太少，因为缺少食物向前推动导致肠蠕动减少，易引起便秘。

4. 适宜的运动

运动疗法是利用体育锻炼增强机体抵抗力，通过消耗血糖、脂肪来帮助患者降低血糖的有效方法。糖尿病患者通过运动可以增加葡萄糖的利用，有利于血糖的控制。糖尿病患者应每天从事“持之以恒，量力而行”的锻炼，进行 1 小时左右的运动有利于减肥、降糖、降压、调脂、降低血黏度。选择自己最适宜的运动，如游泳锻炼法、慢跑锻炼法、散步锻炼法等。但切忌高负荷运动，因为这样会起到相反的作用。

5. 血糖监测

在饮食控制、合理运动的基础上，也不能忽视血糖的自我监测。血糖监测可以让医生了解到患者的具体情况，并随时根据患者的病情变化适时调整治疗方案。

6. 经常按摩

研究发现，按摩可以增加胰岛素的分泌，加速糖的利用，使糖的吸收降低，同时可以改善微循环，预防并发症的发生。按摩还可以减轻压力，放松心情。下面介绍一套自我按摩手法，可以对糖尿病起到辅助治疗和预防并发症的作用。

（1）推擦胸骨下至中极穴：用手掌掌面紧贴腹部，两手交替地自胸骨下至中极穴稍用力推擦2分钟左右。中极穴位于肚脐下方一横掌处。

（2）横推腹：用手掌的掌根自腹部一侧用力推擦至对侧，然后改用五指指腹推擦回原处，按摩3分钟左右。

（3）振腹部：双手自然叠放，掌根对准肚脐，轻轻下压有规律地振动腹部5分钟左右。

（4）点揉腹部穴位：用拇指点揉中脘穴、气海穴、天枢穴各1分钟左右。中脘穴的位置在肚脐上方一横掌处，气海穴在肚脐正下方两横指处，天枢穴的位置在肚脐两旁两横指处。

（5）擦揉脚踝内侧：用大拇指在内踝和跟腱处进行擦揉，每侧4分钟左右。

（6）擦肾俞：用双手掌自上而下，擦双侧包括肾俞在内的腰肌2分钟左右。肾俞的位置在两侧腰眼附近。

7. 注意个人卫生

糖尿病患者还应注意口腔卫生，经常洗澡。如有口腔发炎、皮肤破溃、疖肿及疮疡等病状应及早治疗。足部出现皮肤感觉障碍、麻木、微血管病变时，鞋袜要穿得宽松一些，以免影响血液循环导致脚趾溃烂、坏疽等。

8. 精神疗法

精神疗法是指患者要保持一种良好的心态，积极的情绪和开朗的性格有助于身体的恢复。

（五）癌症患者的自我保健

1. 防感冒

癌症患者往往免疫力、抵抗力低下，容易感冒。而感冒极易并发感染，成为癌细胞复发、转移、扩散的诱因。所以，防感冒对癌症患者尤其重要。

2. 防劳累

癌症是一种消耗性疾病，癌细胞在体内不断地侵蚀正常细胞使患者机体不断衰竭。所以保存体力，避免体力、心力的伤害，是患者保健的一个重要环节。

3. 防生气

传统医学十分重视患者的心理健康，而现代医学也越来越重视心理健康在治疗过程中的积极作用。良好的心态、乐观的心情，是疾病康复的重要保证。

4. 防失眠

睡眠是一种休息方式，是恢复体力、增加免疫功能的好方法。休息好就是治疗，就是保健。

5. 防便秘

每天保持 1 ~2 次正常排便说明人体消化道通畅，功能正常。体内的毒素通过粪便排出，患者病情可以逐渐好转。如果出现便秘，体内的毒素没有及时排出，积蓄在体内将成为肿瘤发展、恶化的诱因。

6. 忌大补

中医认为，产生肿瘤的主要原因是热毒旺盛，故治疗上要清热解毒。过量的补品使患者体内的热毒更加旺盛，癌细胞也因得到过量的营养而急速活跃和发展，从而加重病情。

7. 忌剧烈活动

癌症患者提倡适当活动，剧烈活动不仅会极大地消耗体力，不利于患者康复，而且会加快血液循环，加速癌细胞的活跃和发展，使患者病情加重。癌症患者可以适当活动，如散步、打太极拳等，以不累为前提。

8. 禁忌辛辣发物

癌症患者的饮食要忌口，不能吃或尽量少吃牛肉、羊肉、鸡肉、海鲜及芥末等辛辣发物。

第二章

无病呻吟

第一节　因病获益的躯体形式障碍

案例：

求助者，男，45岁，小学文化，因犯盗窃罪被判刑7年。有抽烟史二十余年。近三个月里咳嗽、胸痛，近一周症状加重伴呼吸困难。求助者自诉三个月来咳嗽明显，服用药物效果不佳，症状时轻时重。一周前刷牙时发现有血丝，后咳嗽时也发现痰中带有血丝，自觉呼吸困难，夜间比较严重，有时会在夜间憋醒，感觉自己气不够用。来院后反复多次检查未发现胸部及心脏有异常，治疗效果差。后追问求助者病史，求助者自诉三个月前同监舍有人检查发现有肺结核后，就觉得自己也有问题。虽然检查未发现有肺病，但是可能情况比较特殊，所以认为自己可能也有肺病，且自己已经出现“吐血”，可能自己快不行了，医生只是不告诉自己真相。

一、躯体化

在综合医院就诊的患者中，常见一些患者申诉各种身体症状，如胸闷、心悸、呼吸不畅、头痛、倦怠等，然而，经过各种检查，却未能发现相应的身体疾病的证据。这类患者常在各种综合医院反复就诊。他们是医疗服务的高消费者，对医疗资源过度消耗，产生了不必要的医疗费用。

应当特别指出，躯体化是一种临床现象，不是诊断名称，躯体化可见于抑郁症、焦虑症、精神分裂等；躯体化障碍是一种临床诊断名称，不能和“躯体化”混为一谈。

（一）躯体化的定义与特征

躯体化就是这样一种现象：患者自觉有很严重的躯体症状，如头痛、乏力、失眠、工作效率下降等，但相应的医学检查却没有发现明显的病理改变，又或者临床检查中发现的病理不足以解释患者自觉症状的严重程度。出现这种躯体化的深层次原因在于心理问题，长期压抑得不到解决。一般认为，这种倾向的出现是针对心理社会应激的反应，这些应激反应是由对个人具有个别意义的刺激性生活事件或境遇所造成的。

每个人在一生中都在以不同形式表达其存在和存在的艰辛，生病也是一种表达方式。我们知道有身体的疾病，也有心理的疾病，身体疾病可引起心理的反应，心理的疾病也可以引起身体的反应，二者是相互影响的。有一些躯体症状并没有器质性的病变，它们主要由心理情绪问题引起，或者说心理情绪问题用躯体症状来表达，这就是所谓躯体化的问题。

躯体化具有5个特征：

（1）患者体验和表达躯体不适症状；

（2）这些躯体不适症状不能用病理发现来解释；

（3）患者将躯体不适症状归咎为躯体患病；

（4）患者据此向医学各科求助；

（5）一般认为，这是对心理社会应激独特的反应，即患者主要是用躯体方式而非心理方式作出反应。

（二）躯体化的表现形式

胃肠道症状：恶心或呕吐、腹痛、胃胀气、腹泻、食物耐受不良；

疼痛症状：弥漫性疼痛（到处都疼）、四肢痛、背痛、关节痛；

心肺症状：呼吸急促、心悸、眩晕、胸痛；

假性神经系统症状：头痛、健忘、吞咽困难、失音、耳聋、复视、失明、晕厥、行走困难、癫痫发作、肌无力；

生殖泌尿系统症状：排尿困难或疼痛、阴囊或盆腔灼热感、性交困难、痛经、月经周期不规则、假性妊娠反应；

其他反应：不明原因的食物过敏、非典型性胸痛、颏下颌关节机能障碍综合征、低血糖、慢性疲劳综合征、纤维肌痛、经前综合征、特发性环境耐受不良。

（三）对躯体化的心理解读

1. 躯体化症状是一种退化行为

精神分析认为，由于心理结构尚未充分发展，婴幼期不能在语言上进行交流，个体对外界的刺激主要在躯体水平上做出反应。遇到焦虑、恐惧时，个体会形成原始的躯体反应模式，这种反应我们可以理解为儿童的躯体行为语言。有的母亲能很好地理解婴幼儿的躯体语言，并给予恰到好处的满足。但若婴幼儿的焦虑、紧张以及需要长期没有得到理解和满足，那么躯体的不适会积存下来。虽然随着儿童的长大，其语言得到发育，但那种前语言期的感受已永远留存在潜意识里，在遇到挫折和压力或遇到困境时，早先的那种躯体反应就会重现，使患者感受到一种非理智的、神经质的躯体不适和焦虑，而且会促使其去找原因，产生疑心和妄想。精神分析学派创始人弗洛伊德把这一过程叫作“再躯体化”，它是一个退化过程，即退回到发展的早期阶段。

2. 躯体化症状是潜意识被压抑的结果

精神分析学说把躯体化的形成看作是一种潜意识过程。患者借此将自己的内心矛盾或冲突转换成内脏和自主神经功能障碍，从而摆脱自我的困境。如用躯体化症状置换内心不愉快的心情，减轻由某种原因造成的自罪感，表达某种想法和情绪等，所以病人出现的躯体化症状是为了达到压制潜意识的心理目的。

弗洛伊德的友人、神经病学家布洛伊尔曾用催眠术治疗过一个名叫安娜的年轻妇女，在护理病情危重的父亲时，她发生了多种躯体化症状及精神症状：挛缩、瘫痪、神经质咳嗽、产生幻觉及意识模糊。在催眠状态中，医生让患者回忆与症状有关的、被遗忘的事件和幻想。患者在回忆中伴有强烈的情绪爆发，然后症状就消失了。

在这一案例中，与安娜病情有关的幻想显露了她指向父亲的性渴望，这种渴望在她照料父亲的亲密境况里被调动起来。按照精神分析观点，儿童在四五岁期间指向双亲的性愿望是儿童发育正常过程的一部分，即所谓的俄狄浦斯情结。但此期间的儿童式的性愿望也充满被阉割的恐惧，所以随着成长，儿童必须把这种指向父母的性欲压抑下去，到青春期时转向其他异性。但因为某些原因，父母的性诱惑会造成儿童对父母的性欲固着，进入青春期后会被重新唤起。在安娜的那个年代，当时的中欧文化存在对性的严厉禁锢，所以安娜产生了严重的乱伦恐惧和负罪感。她必须把这种伤风败俗的性冲动及伴随的恐惧、负罪感压抑下去，结果导致了“癔症性神经症”。患者的躯体化症状正是为了达到掩盖强烈的性冲动和压制恐惧情绪的目的，当然这一切都是在潜意识里发生的。

3. 躯体化症状是为了得到继发性获益

躯体化症状的持续存在（操作性）是因为继发性获益（再强化），如经济补偿、配偶关注、逃避工作责任。当获益时，患者的症状会被强化；若被视而不见或受到惩罚，症状就会被抑制。有意无意地借着症状获得好处，是我们人类在社会生存中学会的技能之一，如通过疾病达到不上学或不上班、避免指责和批评、免除某种责任和义务、寻求别人注意和同情等目的，都是非常普遍的现象。患者虽然没有完全有意伪装，却在有意无意中玩着这种游戏。如同玩物丧志一样，沉迷于这种游戏造成不能自拔，以至于自我哀怜，怨天尤人，使个人发展受阻。发展受阻使个体更加固着在疾病游戏上，那么看医生及检查和治疗就会成为他重要的工作。也就是说，最先只是想获得点好处，后来则把工作重心转移到疑病当中去了。对躯体化症状的强化导致疼痛的持续存在，只有当人际关系和其他补偿与症状体验及其伴随的能力减退分开时才能恢复正常生活。

二、躯体形式障碍

（一）躯体形式障碍的定义与特征

躯体形式障碍是一类疾病的总称，以各种躯体症状作为其主要临床表现，不能证实有器质性损害或明确的病理生理机制存在，但有证据表明存在与心理因素或内心冲突密切相关的精神障碍。在 DSM－Ⅳ中，躯体形式障碍章节包含了躯体化障碍、未分化型躯体形式障碍、转换障碍、疼痛障碍、疑病症、躯体变形障碍以及残留的未定型躯体形式障碍。

躯体形式障碍的主要特征是患者反复陈述躯体症状，不断要求给予医学检查，无视反复检查的阴性结果。尽管医师反复说明症状并无躯体病变的基础，但仍不能减轻患者的忧虑和躯体症状。即使患者有时存在某种躯体障碍，但其所患躯体障碍不能解释症状的性质和程度或患者的痛苦与先占观念。对患者来说，即使症状的出现和持续与不愉快的生活事件、困难或冲突密切相关，他们也拒绝承认心理问题，同时可伴有不同程度的焦虑和抑郁。患者往往在综合性医院各科就诊，主诉各个系统的躯体不适症状，并认为其疾病在本质上是躯体性的，需要进一步检测，常有一定程度的需求注意行为。若患者不能说服医生接受此观点，即会产生不满情绪或加剧需求注意行为。如果医生不能识别躯体形式障碍特征而反复给患者做不必要的各种检查就会浪费很多医疗资源。本病症男女均有，为慢性波动性病程。

扩展阅读

躯体形式障碍在 1980 年美国精神病学会《美国精神疾病诊断和统计手册（DSM）》（第Ⅲ版）中首次作为一组精神障碍被列出，目的是鉴别以躯体症状为主要表现的精神障碍和潜在的躯体疾病。除体象障碍外，躯体形式障碍症状中的信念均达不到妄想程度，也不能由其他精神障碍解释。

躯体形式障碍患者常具有潜在的精神因素和个性缺陷，这些特点使临床症状更为顽固持久。患者为了查出原因会不惜代价反复就医检查，频繁更换医院和专家，尝试各种方法治疗，服用多种药物。但患者对躯体症状的变化及各种药物引起的不适感觉往往比较敏感，过分关心，顾虑重重，对治疗依从性较差。另外，患者对医学知识的一知半解，常将其归咎为躯体疾病，反复在临床各科诊治，拒绝接受精神障碍的诊断及治疗。长期的非正规诊疗导致治疗效果不好，容易出现医患之间的不信任，影响医患关系。

一方面，躯体形式障碍患者很难接受精神障碍的疾病标签，常在非精神科反复就诊。另一方面，非精神科医生对精神疾病识别率较低，导致这一领域中同种疾病的诊断名称十分繁杂混乱。如对主要表现为胃肠不适的患者，出现的诊断名称包括自主神经功能紊乱、功能性胃肠病、肠易激综合征以及胃肠神经症等。各种模棱两可的诊断会增加患者的反复求医行为及疾病负担。

躯体形式障碍具有以下特征：

（1）患者反复求医，向医生陈述躯体症状，不断要求医生给予医学检查，无视反复检查的阴性结果，也不管医生关于其症状并无躯体基础的再三保证；

（2）患者的症状可限于身体某一部位或器官，也可以遍及全身各处；

（3）症状可以长期固定不变，也可以不时变换花样或到处游走；

（4）有的患者主诉各种不适感；

（5）有的患者暗示性很高，看的医书愈多，主诉的症状和病也愈多；

（6）有的患者声称他的病是古今中外还没有过的，跟医学书上描述的任何一种病都不同；

（7）有的患者有反暗示，吃什么药都有“副作用”，以致拒绝用药；

（8）患者确信患有某种实际上并不存在的疾病，尽管依据不足，但也不是毫无理由；

（9）患者认为其疾病在本质上是躯体性的，需要进一步的检查。若患者不能说服医生接受这一点，便会愤愤不平。

（二）常见的躯体形式障碍

1. 躯体化障碍

女性多见，常在成年早期发病。临床表现为多种多样、反复出现、时常变化、查无实据的躯体主诉至少两年，未发现任何恰当的躯体疾病来解释上述症状；拒绝多名医生关于其症状没有躯体疾病解释的忠告与保证，不遵医嘱；注意力集中于症状本身及其影响，过度使用消除症状的药物，部分患者可能出现药物依赖或滥用；症状及其所致行为造成一定程度的社会和家庭功能损害。常见症状有：

（1）疼痛：这是一组经常存在的症状，部位很广泛，如头部、颈部、腹部、背部、关节、四肢、胸部、直肠等，可发生于月经期、性交或排尿时。

（2）胃肠道症状：嗳气、反酸、恶心、呕吐、腹痛、腹胀、腹泻或某些食物引起特别不适。胃肠道检查有时仅见浅表性胃炎或肠易激综合征，与患者严重的躯体症状不符，难以解释患者经常存在的严重症状。

（3）泌尿生殖系症状：如排尿困难、尿潴留、尿频、生殖器或其周围不适感；性功能障碍可见性冷淡、勃起和射精障碍、经期紊乱、经血过多、异常的或大量的阴道分泌物等。

（4）假性神经症状：有共济失调、肢体瘫痪或无力、吞咽困难或咽部有梗阻感、失音、尿潴留、触觉或痛觉缺失、复视、失明、失聪、瘙痒、烧灼感、刺痛等症状。但神经系统检查不能发现相应的神经系统器质性损害证据或阳性体征。

（5）呼吸循环系统症状：气短、胸痛、胸闷、心悸、头晕等。

（6）转换性症状：吞咽困难、失音、失明、失聪等。

2. 疑病症

疑病症是一类以疑病症状为主要临床特征的躯体形式障碍。疑病障碍的病程分为慢性和波动。对疾病的先占观念可引起痛苦、焦虑及寻求保证的行为，大多数患者其他方面的功能正常。有些患者症状的存在支配或操纵了家庭和社会关系，是一种以担心或相信患有严重躯体疾病的持久性优势观念（疑病观念）为基本特征的躯体形式障碍。患者对自身健康或疾病过分担心，害怕自己患了某种严重疾病或认为自己已经患了严重疾病，感到十分烦恼，其烦恼的严重程度与患者的实际健康状况很不相称。这类患者对自己身体的变化特别警觉，身体功能的任何微小变动（如心跳、腹胀等）都会引起其注意。而这些在正常人看来微不足道的变化，却被患者不自觉地加以夸大或曲解，成为患了严重疾病的证据。在警觉水平提高的基础上，一般轻微的感觉也会引起患者明显不适或严重不安，从而使患者确信自己患了某种严重疾病。尽管各种检查结果并不支持患者的揣测，医生也耐心解释、再三保证患者没有严重疾病，但患者往往对检查结果的可靠性持怀疑态度，对医生的解释感到失望，仍坚持自己的疑病观念，继续到各医院反复要求检查或治疗。由于患者的注意力全部或大部分集中于健康问题，以致学习、工作、日常生活和人际交往常受到明显影响。

以担心或相信患严重躯体疾病的持久性优势观念（疑病观念）为基本特征的病症称为“观念性疑病症”；躯体不适感十分明显并伴有焦虑或抑郁的称为“感觉性疑病症”；单一的疑病症状，表述具体而明确的称“单症状疑病症”。病人的疑病观念很牢固，害怕或认为自己患了某种严重疾病，对自身健康或疾病过分担心和过分关切，对自己身体的微小不适特别警觉、多虑，感到难以忍受，不自觉地加以夸大或曲解，并作为患有严重疾病的证据，甚至对日常出现的某些生理现象也常做出病理性解释。对患者的疑病行为，我们不能判断为妄想，病人知道自己的疾病证据不充分才迫切希望通过反复检查进一步明确诊断和予以治疗。

疑病症的临床特征：

（1）思维症状。思维症状包含疑病观念、躯体优势观念、疾病相关的意向、暗示或自我暗示。其中，疑病观念是疑病症的核心症状，指患者对各种躯体症状或者躯体感觉给予错误的理解和判断，认为自己罹患了某种严重躯体疾病。这种疑病观念没有妄想的属性，对疾病的解释内容并不怪异，有一定的自知力，患者对此半信半疑，也会怀疑自己的恐惧和担忧的合理性，感到难以摆脱。患者担心的疾病多具有难以治愈、导致功能残疾和威胁生命的性质，如恶性肿瘤、艾滋病、梅毒、心肌梗死等；躯体优势观念是指患者热衷于躯体及其功能，比如身体的排泄、生理功能、感觉、外观和躯体功能表现等；疾病相关的意向指与疾病和死亡有关的念头、思维、意向和恐惧心理，具有反复出现、闯入性的特点，难以控制或不能控制；暗示是指对诊断患有某种疾病的轻微表现呈过度的警觉，看到与疾病有关的知识，听闻他人患病就紧张担心。

（2）情感症状。包含不切实际的害怕、恐惧、焦虑和抑郁情绪。对某种严重疾病存在指向未来的、不切实际的害怕和恐惧，即使合理的医疗检查没有证实疾病的存在也无法消除。焦虑和抑郁情绪在患者反复检查没有得到确切的解释后容易产生，患者难以与医务人员建立信任的关系。

（3）行为症状。因疑病观念和恐惧导致患者产生主动求医、反复进行医学检查等行为。即使反复进行的医学检查不支持患者的主诉和症状，他们仍需要他人特别是医生的反复保证，但还是无法缓解患者的恐惧和担心，打消其顾虑，消除躯体优势观念。患者也可表现出过度沉迷于疾病相关的医学信息，过分关注和阅读医疗书籍、医学杂志和网上有关疾病的信息，通过过度的体育锻炼、过度服用保健品等保持健康，害怕服用医生开出的处方药。

（4）躯体感觉有关的症状。患者的主诉症状可表现为某种内感性不适、疼痛等，与其他躯体形式障碍亚型和躯体化障碍、持续性疼痛障碍的症状相似，部位可仅限于某一部位、器官或系统，也可涉及多个部位甚至全身。

3. 躯体形式自主神经功能紊乱

本病的特征为患者有明确的自主神经兴奋症状，如心悸、出汗、颤抖、脸红等，这些症状令人烦恼；常常主诉为部位不定的疼痛、烧灼感、沉重感、紧束感、肿胀感；患者坚持这些症状归咎于某一特定的器官或系统患了严重的疾病，并由此感到痛苦；但这些器官的结构和功能并无明显紊乱的证据，医生的反复保证和解释无济于事。

躯体形式自主神经功能紊乱与其他躯体形式障碍的不同之处在于，临床上主诉坚持将障碍归咎于某一特定的器官或者系统。作为主要诊断依据的症状特点是：症状更具个体特异性、主观性，而症状本身又是非特异的，如不固定部位的疼痛感、烧灼感、沉重感、肿胀感，并将这些症状归于特定的器官或者系统。具体临床特征如下：

（1）症状是主要或完全受自主神经支配与控制的器官系统的功能障碍所致。主诉症状具有自主神经兴奋的特征。

（2）最常见最突出的是累及心血管系统、呼吸系统和肠胃系统。可表现为：胸痛或心前区不适；呼吸困难或过度换气；轻微用力即感过度疲劳；吞气、呃逆、胸部或上腹部有烧灼感；上腹部不适或胃内有翻腾、搅拌感；大便次数增加；尿频或排尿困难；有肿胀感、膨胀感、沉重感。

（3）没有证据表明患者所忧虑的器官系统存在结构或功能的紊乱。

（4）许多患者存在心理应激或困难。

躯体形式自主神经功能紊乱包括如下几种常见病症：

（1）心脏神经症。心脏神经症的最主要特征为患者自身感受到的心血管症状与神经系统失调。心血管症状繁多易变，时轻时重，少数病症可达十余年至数十年之久。心血管系统常见的症状是心悸、心痛、气短或过度换气。心悸是最常见的症状，患者能感觉到心跳、心前区搏动和心前区不适，运动后或情绪激动时症状更明显。神经系统则以焦虑为主要症状，患者可有表情焦虑和紧张、手掌汗多、两手颤抖、体温升高等症状。症状的发生直接或间接地与神经因素有关，如在受惊吓、情绪激动或久病等情况下出现，入睡前、欲醒和刚醒时，以及情绪波动等状态下最易发作，过度劳累或情绪改变可使之加重。

（2）过度换气综合征。临床上可表现为反复发作的意识丧失，但无癫痫、发作性睡病的证据。由各种原因引起的连续的快速深呼吸，患者虽然体验到不适感但不能控制自己的过度呼吸。快速呼吸 2～3 分钟可诱发过度换气综合征，患者出现心慌、焦虑、胸部窘迫、头晕、四肢刺痛或麻木、肌肉僵硬和手足痉挛等症状，同时可伴有不能控制的大笑、大叫。发作时间一般持续 20～60 分钟。

（3）肠易激综合征。临床表现为检查结果没有发现胃肠道结构和生化异常，但整个肠道对各种刺激的生理反应有反常的现象，如腹痛、腹胀和腹部不适；大便次数异常（每日大便次数超过 3 次或一周少于 3 次）；大便形状异样（块状干硬或松散水样便）；排便功能异常（费力、急迫、排不尽感）；黏液便。精神、饮食、寒冷等因素可诱使症状复发或加重。

4. 持续性躯体形式疼痛障碍

持续性躯体形式疼痛障碍是一种不能用生理过程或躯体障碍予以合理解释的、持续而严重的疼痛。患者以疼痛为中心，表现为身体各个部位的持久疼痛，使患者感到痛苦或影响社会功能，但医学检查不能发现疼痛部位有任何器质性病变足以引起这种持久的严重的疼痛症状，生活中最重要的事情均不能分散患者对疼痛的注意力。发病高峰年龄为 30～50 岁，女性多见。疼痛的发生与情绪冲突或心理社会问题有关，病程治愈较慢，常持续 6 个月以上。疼痛可位于体表、深部组织或内脏器官，性质可为钝痛、胀痛、酸痛或锐痛。患者常以疼痛为主诉反复就医，服用多种药物，有的甚至导致镇静止痛药物依赖，并伴有焦虑、抑郁和失眠，社会功能明显受损。

临床上常见的有：

（1）紧张性头痛。紧张性头痛是多数人时常经历的头痛。80% 的人在过去一年中有过一次紧张性头痛，发病率明显高于偏头痛。其疼痛特点是头痛反复发作，无特定的临床表现。国际头痛协会规定紧张性头痛病史中需要有10次典型的发作，但患者自然病程中的某一个时期未必会经历那么多次发作。诊断紧张性头痛要具备以下特点中的两个：①双侧头痛，属稳定性疼痛或压迫性疼痛；②疼痛为轻度或中度，日常活动不加剧头痛；③紧张性头痛常位于双颞、双枕或双侧眶部。

（2）慢性脊背疼痛。慢性脊背疼痛多发生于社会地位较低、教育程度较低者，其在家庭和社会中被排斥，感到孤独。这类患者多具有歇斯底里或自恋的性格特征，与生命中重要依恋客体的关系显得矛盾而不安全，具有不安全依恋及回避型依恋等特点。这一类人常无法合理地宣泄和处理负性情绪，包括悲伤、愤怒、恐惧等。

（3）肌筋膜疼痛综合征。肌筋膜疼痛综合征是以多个触点和紧张带为特点的局部特征疼痛综合征，可发生在身体上许多部位，但常见于颈部和腰部。这些综合征常由轻微外伤或退行性骨关节炎引起。

（4）纤维性肌痛。纤维性肌痛多见于女性，是以弥漫性疼痛和多发压痛点为特点的临床综合征。弥漫性疼痛必须分布于腰部及双侧，影响至少18个痛压点中的11个。特征表现还有疲劳、睡眠障碍、僵硬、感觉异常、头痛、肠易激综合征、雷诺现象等，常伴有抑郁、焦虑、失眠和慢性综合疲劳综合征。

（5）慢性盆腔疼痛。盆腔的疼痛反复发作持续6个月或以上即为慢性盆腔疼痛，内外科及妇产科的疾病均可引起。主要原因有子宫内膜异位、盆腔粘连、慢性盆腔炎症，也可能为无器质性原因的慢性盆腔疼痛综合征。疼痛或不适的程度与身体的异常往往不成比例。

第二节　躯体形式障碍的影响因素

一、遗传因素

一组慢性功能性疼痛的研究发现，其阳性家族史明显高于器质性疼痛。另外，多因素分析显示家庭遗传史与疼痛程度呈正相关。这些研究都指向躯体形式障碍与遗传因素的关系。不同的躯体形式障碍亚型受遗传影响因素有所不同。

二、人格特征

一些心理测量发现此类患者有一定的特征。艾森克人格问卷 EPQ 发现，患者 N（稳定性）分和 E（内外向）分有改变，N 分高的人较为神经质，对体内变化敏感，易认为自己有病，躯体形式障碍患者往往 N 分较高；E 分高（外向）的人喜诉说，多找人表达自己的感受，此病患者 E 分较低。在 EPQ 量表中，N 分值较高、E 分值较低的多为抑郁质，抑郁质人格的人更容易患有躯体形式障碍。

"神经质" 个性的患者更多地把注意力集中于自身的躯体不适及其相关事件，导致感觉阈值降低，增加了对躯体感觉的敏感性，易于产生各种躯体不适和疼痛。躯体形式障碍患者常合并一定的人格障碍，以被动依赖型、表演型、敏感攻击型较多见。

三、神经生理与神经心理

正常的上行性内部刺激滤过功能失常导致病理的内部刺激感觉亢进，患者将注意力指向自己的身体，终日在体验体内的异常和变化。

内脏常常感觉有含糊、定位不准确的特点，体验常为牵拉、胀满、隐痛等。实验证明，给腹部施加同样的压力，当正常人感到腹部压迫时，躯体形式障碍患者已感腹痛难忍，表明其感觉阈值和忍耐性均降低。

有研究发现该类患者存在脑干网状结构注意和唤醒功能的改变。有关脑功能不对称的研究把转换障碍的感觉、注意和情绪改变与大脑右半球信息处理过程方式联系起来，对躯体形式障碍的脑研究指向第二感觉区（S11）。该区似乎特别适合用来解释其神经生理和神经心理的动力学机制。

有专家认为在情绪冲突时体内的神经内分泌、自主神经及血液生化改变导致血管、内脏器官、肌张力等改变，这些生理反应被患者感受为躯体症状。

四、心理社会因素

1. 潜意识获益理论

精神分析学派认为，这类躯体症状可以在潜意识中为患者提供两种获益，一是通过变相发泄缓解情绪冲突；二是通过呈现患病角色回避不愿承担的责任，并取得关心和照顾。

2. 认知作用

患者的人格特征及不良心境可影响认知过程，导致对感知的敏感和扩大化，使患者对躯体信息的感觉增强，选择性地注意躯体感觉并以躯体疾病来解释这种倾向，增强了与疾病有关的联想、记忆及对自身健康的负性评价。

3. 述情障碍

有人认为，低文化者不善于用语言表达其深藏的感情，即所谓“述情障碍”。述情障碍是一种长期存在的人格特征，患者不善于表达其内心冲突，描述躯体比情感表达更容易，甚至难以区分是内心感情还是躯体感觉。患者在情绪体验的自我感受和言语表达方面存在严重缺陷，其情绪体验没有传达到大脑皮层并通过语言符号表达出来，而是经过由自主神经形成所谓的“器官语言”释放出来。

4. 生活事件

持久而强烈的负性生活事件，如家庭纠纷、恋爱挫折、事业失败或人际关系紧张，持久的脑力、体力劳动，睡眠不足等与身体主诉密切相关。

5. 社会文化因素

无论在20世纪以前的西方社会还是今天的发展中国家或发达地区的基层社会，负性情绪都常常被看成是无能耻辱的表现，从而阻碍了该类情绪的直接表露，而躯体不适的主诉则是一种“合法”途径。在这种文化背景下，患者会自觉或不自觉地掩饰、否认，甚至不能感受到自己的情绪体验，转而关注自身的躯体不适。尽管症状的发生和持续与不愉快的生活事件、困难、心理因素或内心冲突密切相关，病人也常否认心理因素的存在、拒绝探讨心理病因的可能。社交模型理论认为，患者在家庭中把症状的躯体化作为表达情感或痛苦的一种方式，期望从家庭中的核心成员处寻求支持和关心。

6. 人际关系因素

人际关系特别是与生命中重要客体的亲密关系的质量好坏，已被证实会明显影响患者的疼痛体验，并强化或抑制某种行为。其中，矛盾性不安全依恋或回避型不安全依恋特征的人群更容易出现疼痛症状。疼痛变成了自身情绪、愿望和要求的一种表达形式。

第三节 躯体形式障碍的诊断与评估

一、诊断要点

（一）躯体化障碍的诊断要点

30岁前起病，存在各式各样、变化多端的躯体症状至少两年，且未发现任何恰当的躯体解释。

至少有4个部位疼痛不适，例如头、腹、背、关节、四肢、胸、直肠等；至少有2个胃肠道症状，例如恶心、腹胀、除妊娠意外的呕吐、腹泻或有不能忍受的食物；至少有1个泌尿生殖或性症状，例如性冷淡、月经不调等；至少有1个假性神经系统症状，例如协调或平衡不良、麻痹或局限性肌力下降、吞咽困难或喉部有梗阻感、失聪、失明等。

医学检查不能证实或解释其病状，不断拒绝多名医生关于其症状没有躯体疾病的忠告与保证。患者的症状并非有意识产生或伪装，症状及其所致的行为造成了一定程度的社会功能损害。

（二）疑病症的诊断要点

（1）符合躯体形式障碍的诊断标准。

（2）以疑病症状为主要临床征象，表现为下述的至少一项：对身体健康或疾病过分担心，其严重程度与实际情况明显不相称；对通常出现的生理现象和异常感觉做出疑病性解释；牢固的疑病观念，缺乏充分根据，但不是妄想。

（3）反复就医或反复要求医学检查，但检查结果阴性或医生的合理解释不能打消其顾虑。

（4）排除强迫症、抑郁症、偏执性精神病等诊断，疑病症状不只限于惊恐发作。

（5）对严重疾病的害怕，存在对躯体症状的先占；总是拒绝接受多位不同的医生关于其症状或异常的忠告和保证。

（6）病程至少6个月。

（三）躯体形式自主神经功能紊乱的诊断要点

（1）符合躯体形式障碍的诊断标准。

（2）至少有下列2项器官系统的自主神经兴奋体征：心血管、呼吸、食管和胃、胃肠道下部、泌尿生殖系统；心悸、出汗、口干、脸发烧或潮红。

（3）至少有下列1项患者主诉的症状：胸痛或心前区不适；呼吸困难或过度换气；轻微用力即感过度疲劳；吞气、呃逆、胸部或上腹部有烧灼感；上腹部不适或胃内有翻腾或搅拌感；大便次数增加；尿频或排尿困难；有肿胀感、膨胀感、沉重感。

（4）没有证据表明患者所忧虑的器官系统存在结构或功能的紊乱。

（5）并非仅见于恐惧障碍或惊恐障碍发作时。

（四）持续性躯体形式疼痛障碍的诊断要点

（1）主要表现为一个或多个解剖部位的疼痛，而且疼痛的严重程度足以引起临床重视。

（2）疼痛引起明显的抑郁且社交、工作或其他重要领域的功能减退。

（3）心理因素在疼痛的发生、严重程度、恶化或维持中起重要作用。

（4）功能缺陷症状非故意或假装出来的。

（5）难以用情绪、焦虑或精神病性障碍解释疼痛，而且不符合性交疼痛的标准。

二、心理评估

（一）躯体化症状自评

您发病过程中可能存在下列各种症状，医生只有确切了解您的这些疾病症状，才能给您更多的帮助，对您的治疗有积极影响。请您阅读以下各栏后，根据您发病过程中的实际情况选择对应的分值。

测试方法：

没有：发病或不舒服时，没有出现该症状，得1分；

轻度：发病或不舒服时，有该症状但不影响日常生活，得2分；

中度：发病或不舒服时，有该症状且希望减轻或治愈，得3分；

重度：发病或不舒服时，有该症状且严重影响日常生活，得4分。

开始测试：

发病时存在的症状：

（1）头晕、头痛；

（2）睡眠障碍（入睡困难、多梦、易惊醒、早醒、失眠）；

（3）易疲劳乏力；

（4）情绪不佳、兴趣减退；

（5）心血管症状（心慌、胸闷、胸痛、气短）；

（6）易紧张不安或担忧害怕；

（7）易产生消极想法、多思多虑；

（8）记忆力减退、注意力下降；

（9）胃肠道症状（腹胀、腹痛、食欲下降、便秘、腹泻、口干、恶心）；

（10）肌肉酸痛（颈部、肩部、腰部、背部）；

（11）易伤心哭泣；
（12）手脚或身体某部位发麻、刺痛、抽搐；
（13）视物模糊；
（14）易激动烦躁、对声音过敏；
（15）强迫感（强迫思维、强迫行为）；
（16）肢体易出汗颤抖或忽冷忽热；
（17）经常会担心自己生病；
（18）呼吸困难、喜大叹气；
（19）咽部不适、喉咙有阻塞感；
（20）易尿频、尿急。

心理因素对于大多数疾病的发生、发展起着重要作用。心理因素不仅会有悲伤、心烦意乱、紧张不安、担忧害怕或多思多虑等情绪体验，也会引起心血管、消化、神经、呼吸、泌尿等多个系统的各种躯体不适症状。比如当您体验到不愉快情绪时，会觉得胸闷或心慌；当您倍感焦虑不安时，会产生胃痛、胃胀或消化不良；当您感到工作压力大时，会有头痛或其他部位的疼痛；当您感到担心时，会引起多梦、易惊醒甚至失眠，这些都是心理因素的躯体化症状。

如果能让医生充分了解您的情绪和相应的躯体化症状，他们就能做出正确的判断，从而更好地缓解您的病痛。本量表是专门用来检查您发病过程中可能存在的情绪问题及相应的躯体化症状。请将所选项目分值相加，如大于30分，则需要考虑就诊治疗。

（二）疑病症测试

当您感到头痛或者其他躯体症状，持续了一段时间后，是否会怀疑自己的头痛是由大脑损伤或肿瘤引起，继而频繁地去医院进行检查？检查结果都写着“检查结果正常”，但是您仍然深信自己身体有病，并且开始不相信医生的诊断？……专业医生提醒您，这些疑问足以说明您已经患了疑病症。想确认自己到底是否患有疑病症，通过下面的测试可以了解：

测试方法：
根本不会：得1分；
偶尔会：得2分；

有时会：得3分；

常常会：得4分；

总是会：得5分。

开始测试：

(1) 您是否感觉自己身上有很多疾病的表现?

(2) 您是否常常感觉自己患上了某种疾病?

(3) 您朋友中有人曾经患有某种疾病，您目前是否怀疑自己也患上了?

(4) 您是否对自己的健康十分关注?

(5) 您的疾病症状是否十分严重?

(6) 您是否可以清楚说出自己的疾病症状?

(7) 您是否关注身体的细微变化?

(8) 当别人怀疑您生病时，您是否感觉十分气愤?

(9) 医院检查是否查不出结果?

测试结果：

14～31分：

您没有疑病症的倾向，可能是身体真的有问题，不要忽视尽快就医。

32～55分：

您有疑病症倾向，您要当心了。多去了解疑病症的特点、症状吧，会对您预防疑病症有好处。

55分以上：

您已经患上了疑病症，您曾经担心的疾病问题都不是真正的疾病，只是您个人的猜测。您的身体符合正常人的健康标准，您应该放松心态，正确面对自己的疑病症，必要时进行药物和心理治疗。

（三）述情障碍测试

测试方法：

下面的句子您是否同意?

很不同意：得1分；

不同意：得2分；

部分同意，部分不同意：得3分；

同意：得4分；

非常同意：得5分。

开始测试：

(1) 我常常搞不清自己有什么样的感受。

(2) 我感到难以用恰当的词语来描述我的感受。

(3) 我有一些即使是医生也不能理解的身体感觉。

(4) 我很容易描述出自己的感受。

(5) 我更喜欢分析问题而不仅仅是描述它们。

(6) 当我心里难受时，我不知道究竟是悲伤、害怕还是恼怒。

(7) 我常常被我身体的一些感觉所困惑。

(8) 我偏向任事情发生，而不是去了解它们为何会发展成那样。

(9) 我有一些自己难以识别的感受。

(10) 知道自己有何内心体验对我来说很重要。

(11) 我难以描述我对别人有何感受。

(12) 人们要我多描述一些我的感受。

(13) 我不知道自己内心在发生一些什么活动。

(14) 我常常不知道我为何会气愤。

(15) 我喜欢与别人谈论他们的日常活动而不是他们的感受。

(16) 我喜欢看轻松的娱乐片胜过看关于个人命运的情节片。

(17) 即使是对密友，我也难以表露我内心深处的感受。

(18) 即使在我们沉默无言之时，我也能感到与某人有亲切感。

(19) 我觉得省察自己的感受对于解决个人问题是有用的。

(20) 寻找电影或戏剧中隐藏的意义会使人从娱乐中分心。

测试结果：

20~40分：您没有述情障碍。

41~60分：您有述情障碍倾向，要改善情绪的识别与表达。

61~100分：您有严重的述情障碍，一定要加强情绪的识别与表达。

4、5、10、18、19题反向计分。即“很不同意”得5分，“不同意”得4分，“部分同意，部分不同意”得3分，“同意”得2分，“非常同意”得1分。

第四节　心理干预

针对躯体形式障碍进行心理干预的长期目标为：①减少躯体不适感发生的频率；②减少因为躯体化症状而导致的情绪困扰；③接受身体的某些不适并能带着这些不安正常生活；④承认自己是比较健康的，并没有已知的医学上的疾病；⑤提高应对困难和挫折的能力。具体的干预措施如下：

一、提供心理支持

目标：帮助求助者适应当前所面临的现实，重建心理平衡。

干预措施：

（1）耐心倾听求助者诉说的躯体不适感，并予以同情而不做出任何反驳或质疑，承认求助者关于躯体症状的体验是真的，这些症状不是说谎、虚构或想象的，设身处地地理解求助者的惊恐、无助、焦虑、担忧和抑郁等情绪，与求助者建立良好的关系，积极发挥咨询师的知识和权威来支持求助者。

（2）采用倾听、解释、适当保证、消除疑虑、说服劝慰、启发建议、激励鼓舞和消除应激因素等方式帮助求助者发挥其内在潜力，面对现实，协助其渡过难关，避免其精神崩溃。

（3）对医疗检查或体格检查的结果进行解释，着重说明未发现有威胁生命的症状存在。

（4）启发求助者借助社会支持网络，包括家庭成员之间的支持和关心、亲朋好友之间的相互关照、周围环境以及社会支持系统等，鼓励求助者积极行动起来，改善现实境遇。

（5）必要时咨询师可以协助提供一些信息支持和顾问意见。咨询师应特别注意，对求助者的过分关心、同情或长期保护可能会使其形成对咨询师的过度依赖，从而丧失自我适应和自我成长的机会。

二、进行心理评估

目标：进行相关的心理评估，讨论生活中引起情绪应激的各种原因，挖掘求助者个人成长史、家庭关系、工作状况，识别与发病相关的性格、情绪、认知因素以及身体不适背后的社会心理根源。

干预措施：

（1）通过摄入性访谈，全面收集求助者的资料。

（2）运用性格问卷、抑郁量表等对求助者进行性格、情绪状况的心理评估，了解求助者的心理健康状况。

（3）探寻求助者情绪痛苦的根源，联系症状所投射出来的家庭问题、感情问题和工作压力问题，重点认识精神因素和躯体症状的联系。

（4）帮助求助者认识躯体方面的问题和回避情绪冲突、压抑情感表达有关。

（5）讨论这些躯体化问题哪些是原发的，哪些是继发的。

三、分析心理根源

目标：认识和承认躯体化问题给自己带来了某些获益，分析与确认是否有负面的躯体意象和习惯了的低自尊，分析两者之间的联系。

干预措施：

（1）适当介绍精神分析关于躯体化的理论，介绍大脑中枢与全身器官之间的自主神经内分泌之间的生理联系；帮助求助者认识到潜意识和情绪问题是如何影响躯体化问题；帮助求助者认识自己的躯体不适所表达的意义，使其对自己的疾病有所顿悟，再讨论是何原因导致躯体问题一直存在。

（2）分析与确认求助者是否存在某些愤怒的情绪，探明愤怒的原因和对象。

（3）探明源于求助者童年经历的低自尊和无能的原因。

（4）引导求助者认识到低自尊与过分关注躯体意象之间的关系。

四、引导情绪表达

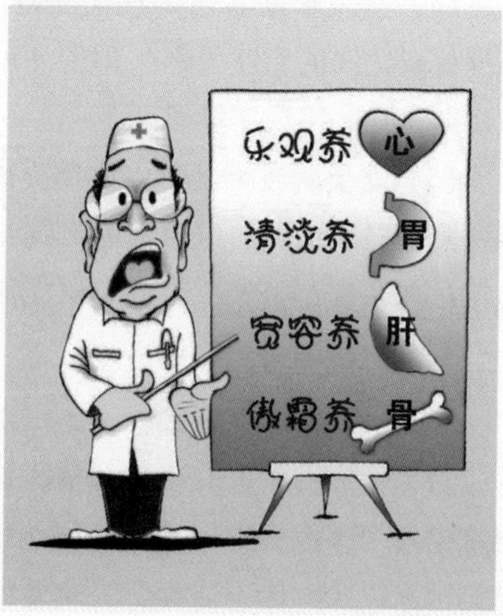

目标：引导求助者用肯定和直接的方式表达愤怒情绪。

干预措施：

（1）运用角色扮演和行为演练技术，教求助者采用肯定的语气和文明直接的方式向愤怒的对象表达自己的愤怒或抱怨。

（2）强化求助者的自信心，使求助者不再对自身的问题表现出哀怨无助；指导求助者进行自信训练。

五、鼓励转移注意力

目标：鼓励求助者参加社会和生活活动，不再沉浸于对自我躯体问题的过度关注。

干预措施：

（1）给求助者布置作业，要求列出所喜欢的各类活动并鼓励求助者恢复自己爱好的娱乐消遣和社会活动，把这些活动作为一种自我奖励，并借此转移对躯体问题的过度关注。

（2）鼓励求助者恢复正常工作，参加继续教育学习，提高自己的工作技能，参与帮助他人的社会公益活动。

六、指导放松训练

目标：掌握放松技术，降低对疾患的焦虑紧张程度。

干预措施：

（1）讲授交感神经和副交感神经的生理作用及其与紧张焦虑和肌肉放松的关系等相关知识，帮助求助者认识紧张焦虑和放松是可以经过训练加以控制的。

（2）运用专门制作的视频资料，教授求助者学习姿势放松、意象放松、腹式呼吸、肌肉放松的方法，尤其是熟悉肌肉放松的生理指标：肢体的温暖感、沉重感。

（3）督促患者坚持每天做放松训练 1 ~2 次，检查完成情况并与其分享训练的体验。

七、直面躯体不适

目标：减少对身体不适感的抱怨和看病的次数以及对药物的依赖和滥用，增加积极的自我评价。

干预措施：

（1）鼓励求助者出现躯体不适的时候自己向自己面质，例如，自己对自己说：“我是不是又想逃避某种责任了？我是不是害怕面对挑战？”“我上次刚刚检查过身体的确已经证明我的身体没有疾病。”

（2）要求求助者只在每天规定的某一时间思考、谈论和写下自己的身体相关问题。除此之外，不准思考和谈论身体问题，也不准与其他人谈论类似问题。

（3）每当躯体不适症状出现时，要求求助者立即去做一件在日常生活中必须做的而又不喜欢做的事情并将这当作求助者接受的一种考验。咨询师动态监控求助者的依从性和效果。

八、调整应对方式

目标：放弃旧有的不良应对方式，建立积极有效的新应对方式。

干预措施：

（1）引导求助者比较咨询前后应对症状方法上的改变和所带来的不同效果。

（2）要求求助者预测下一次疾病发作或躯体问题，然后制定疾病发作时的应对措施。

（3）帮助求助者学会有效地控制自己的情绪、行为和躯体问题的方法，而不是无助、愤怒和哀叹。

（4）帮助求助者认识到不断地抱怨躯体状况所产生的消极影响和不良后果。

九、增进社会关系

目标：改善人际沟通，建立良好的社会支持系统，承担正常的社会责任和家庭角色。

干预措施：

（1）协助求助者与家人进行有效的沟通，化解矛盾和冲突，改善家庭关系。

（2）帮助求助者制订一个加强锻炼、恢复娱乐活动的实施计划并给予不间断的督促和鼓励。

（3）鼓励求助者多关心他人，多付出爱，承担各项社会责任，重新确立自己的人生奋斗目标。

十、减少无谓的诊治

目标：处理好求助者的身体检查与其他专科的诊治关系。

干预措施：

（1）对于少见的或无法解释的躯体主诉应该通过一次全面的身体检查排

除潜在的躯体疾病。

（2）即使有新的症状出现，对于明确诊断为躯体形式障碍的求助者也要避免转诊给专科医生。

（3）必要时，可以使用黛立新等可以改善躯体化症状的抗焦虑和抑郁的药物。

第四章

痴人呓语

第一节　与身体有关的妄想

案例一：

求助者，男，65岁，因犯纵火罪被判处有期徒刑六年。监区反映他向同房间服刑人员泼开水，夜间不肯睡觉。追问原因，自诉有人要害他、想要他死。看不清具体的人，但是他们在他饭碗里面下毒，准备晚上杀他。追问为什么不报告，自诉想害他的人能知道他的想法，他说了他们就会提前动手。查看其档案，发现其犯罪情况是放火烧了侄子的住房。问其为什么要烧房子，他说他有个哥哥在台湾，每个月都会给他钱，结果钱都被侄子拿走了。向家属了解情况，得知其哥哥早已去世，也从没有给过他钱。后经司法鉴定其患有精神分裂症。

案例二：

求助者，男，33岁，因犯持毒罪被判有期徒刑五年。自诉双下肢没有感觉，已三个月不能活动，是在看守所被人殴打所致。体检发现双下肢肌肉略有萎缩，双下肢肌力0级，感觉消失，膝腱反射减弱，病理反射未能引出。向看守所了解，没有人殴打过他。通过监控视频发现其夜间睡觉时双下肢能够活动，有时无人时他能够自己上下床。

电影《美丽心灵》的原型是美国天才数学家约翰·纳什。电影中的纳什是个孤独的年轻人。没有富足的亲戚资助他进入名校，但最负盛名的普林斯顿奖学金证明了他的优秀。他不屑于交际应酬，对于课程也提不起兴趣，但他深信他应该做的是寻找一个真正有创意的理论。然而，在夜以继日的数学研究中，他渐渐出现了妄想。在他的妄想中，有一个不羁却时常给予他鼓励的舍友和一个可爱的小女孩。他以为自己受聘于国防部，负责破译敌人的密码，并一直对妻子保守这个秘密。被送入精神病院后，他还认为别人在他的手腕中植入了芯片并试图割伤手腕找出芯片。他持续隐瞒妻子在附近的小屋子里进行着“密码破译”的工作，密码破译文件贴满了整个墙壁，他甚至以为自己被卷入了一场间谍的追击战之中。直到有一天他意识到在身边的小女孩一直没长大，才终于明白一切都是自己想象出来的，并愿意承认自己患有精神分裂的事实。此后在妻子的支持和鼓励下，纳什用坚强的意志与疾病作长期斗争。与此同时，他一如既往地继续进行着他的研究工作，取得了举世瞩目的成就，并于 1994 年获得了诺贝尔奖。

数学家纳什的故事被视为精神分裂症的典型例子，充分说明了精神分裂症患者对自身精神状态缺乏认知能力，体现了妄想是精神病中最具特点和最重要的表现之一。凡·高在精神接近崩溃的时候曾经用剃须刀片割下了自己的一只耳朵，他试图用这个举动唤醒自己。所以，我们真的认识和了解精神分裂症者的世界吗？他们对自己的世界又能否了解呢？

一、疑病妄想

案例：

求助者，男，66 岁，因犯受贿罪被判处无期徒刑。自诉腹部不适半年，全身无力，怀疑得了癌症。体检包括胃镜、CT 等检查均未发现有异常情况。其认为医生检查不仔细，胃镜室、CT 工作人员不认真，医院的工作人员水平差，不接受检查结果，反复要求到其他医院继续检查，并自觉症状越来越重，严重乏力。

疑病妄想指患者毫无根据地坚信自己患了某种严重躯体疾病或不治之症，因而到处求医，通过一系列详细检查和多次反复的医学检验都不能纠正其歪曲的信念。严重的疑病妄想患者会认为“自己内脏已经腐烂了”“本人已经不存在，只剩下一个躯体空壳了”。此病状又称虚无幻想，多见于精神分裂症，也可见于更年期和老年期精神障碍。正常人在某一时期过分重视自己的健康，对不严重的普通疾病或不适感产生怀疑、恐惧，出现疑病观念，但经检查证实无病，给予适当解释后放弃疑病观念的这类表现不属于此类妄想。

有疑病妄想的患者常把注意力集中在他认为有病的部位，任何轻微的不适都会引起患者强烈的情感反应，他们不惜花费巨资，使用最先进的检查手段和最昂贵的治疗方法。到处求医问药，患者对这些身体疾病的真实情况没有正确的认识，在妄想的支配下，仅依靠主观体验做出主观判断并做出一些在常人看来很不可思议和违反常理的事情，生活方式可能有所改变。例如：怀疑自己肠胃都腐烂了的患者会拒绝进食；怀疑自己的脑子已经进水的患者会躺在床上，头部一动不动，致使其生活不能自理。一位患者因怀疑自己的血液中有毒，坚信必须经常用放血疗法进行治疗。于是他每隔一段时间就将自己的耳郭撕开一个缺口放血，送医院时两侧的耳郭已经残缺不全。

二、影响妄想

影响妄想又称被动体验相关妄想。有影响妄想的患者体验到自己的思想、情感或身体均被外界力量控制和干扰，不能自主。有的患者觉得自己的大脑被电脑控制，已是机器人，同时因为电波或仪器干扰而有身体不适。如果患者认为这些操纵其精神活动的外力是激光、X 线、红外线、紫外线或外星人的脑电波等物理因素，则被称为物理影响妄想，此症状是精神分裂症的一种特征性症状。患者常诉说自己被外星人用脑电波控制思想，睡觉时因为连续不断的电波干扰而睡不着或感觉被人用高科技手段进行跟踪、胁迫、谋害等。他们对旁人细微的举动异常敏感，使自己陷入惶惶不可终日的焦虑当中。

气功是我国从春秋战国时期流传至今的一种医疗保健方法。现代有些不明门道或盲目偏信的人沉迷于气功练习而影响正常生活，因为气功出现妄想性精神障碍的例子屡见不鲜。例如，某高中学生因为睡眠差、头痛、近视加深，自行到书店购买气功书籍，整日在家翻阅、练习治疗头痛和近视。练功三周后，觉得自己颜面潮红、四肢麻热，坚信有所成效，继续练习。两个月后，常无故不上学，独自在家练功，发笑自述："身上被激光打""录音机里有两个人骂我"，后被收入精神病院治疗，检查结果显示其有评论性幻听、气功和物理影响妄想等症状。

第二节　发生妄想的影响因素

妄想见于精神分裂症，是精神病最重要的表现之一。临床上的妄想可分为很多种，按照妄想的起源及其与其他精神症状的关系可以将妄想分为原发性妄想和继发性妄想两类。原发性妄想指突然发生的妄想性体验或确信，多见于精神分裂症且对精神分裂症有诊断意义；继发性妄想是指在已有的心理障碍基础上发展起来的妄想。妄想发生的主要因素有：

一、遗传因素

国内的家系调查发现，精神分裂症患者亲属的患病概率明显高于一般人，且血缘关系越接近，患病风险也越高，双生子的状况尤为明显。研究表明，遗传信息几乎相同的单卵双生子的同病率远较遗传信息不完全相同的双卵双生子高。这说明遗传因素在本病发生中具有重要作用，寄养子研究也证明遗传因素是本症发病的主要因素，而环境因素的重要性较小。妄想症的出现与偏执内向的性格特征有较高的相关性。

二、生理病理因素

有关研究表明，精神分裂症妄想等症状的发生可能与大脑颞叶多巴胺功能的亢进有关。运用脑血流图、脑电图、CT、MRI 等检查手段可以发现精神分裂症患者有额叶萎缩、侧脑室扩大、胼胝体异常等非特异性的结构改变，同时也出现额叶血流量下降和功能减退。也有研究发现，母亲孕期及围产期的病毒感染和多并发症有可能影响胎儿的神经发育。在躯体疾病或分娩之后发生精神分裂症是很常见的现象，可能是心理性生理性应激的非特异性影响。部分患者在脑外伤后或感染性疾病后发病，丘脑的病变会引起认知功能障碍，小脑病变则会导致精神活动的不协调。

精神分裂症发病与年龄有一定关系，大多数患者在青春期前后发病，近一半的患者在20～30岁期间发病，其中偏执型精神分裂症最常见，平均发病年龄为35岁。这一现象可能与性腺、甲状腺、肾上腺等内分泌因素有关，有时月经期内病情加重也与之有关。妄想症的起病还与器质性的病变有关，比如头部受伤、酗酒甚至艾滋病。这可能跟颞叶或边缘区受损或多巴胺能神经过度活跃有关。

近些年蓬勃发展的神经心理学还认为妄想症与大脑两半球功能不平衡有关。妄想症状主要是由于左半球功能失调或过度活跃，而右半球功能减弱所致。左右脑不太通畅，右脑（潜意识）执行了左脑（显意识）或左脑接受了右脑错误的指令，所以表现出异常。

三、性格特征与心理因素

约40%的妄想症患者病前性格孤僻、冷淡、敏感、多疑、富于幻想等，患者往往有对人缺乏基本信任、行为神秘、不易接受他人的批评、嫉妒心强、遇事喜欢夸张、对人冷酷、自以为是、活在梦幻中等妄想性个性特征。他们往往用“否定”和对外“投射”来处理自己的心理困难，自私自利，以自我享乐为主；通常无法看清自我和他人的界限，分不清自己和他人的看法，而将很多事情妄想构造，总觉得别人是凶恶的敌人，自己处于被监视和迫害中；总觉得所有人都针对他，周围发生的一切都与自己有关，如别人咳嗽是向他传递信号或侮辱他，别人聊天是在议论他，甚至电视中的内容也是针对他的。这样很容易产生歪曲的观念、错误的推理和判断。当其发展为病态的偏执观念时，经常出现毫无现实根据、凭空出现的推理与判断，与其文化教养和社会阅历不相称，也不能用说理和教育方法来纠正其错误的观念。患者固执地坚持自己的错误判断，成为一个极端的“观念固执”的人。

妄想型精神分裂症患者会意志增强，为达到正常人认为是毫无意义和无价值的目的千方百计地努力。患病初期，患者敏感多疑，怀疑有人在背后议论自己或不信任自己，这种多疑逐渐演化成关系妄想。关系妄想涉及的内容越来越广，进而形成被害妄想、嫉妒妄想、夸大妄想、疑病妄想、影响妄想等等。

一般认为，生活事件也可诱发精神分裂症，但仅属于诱发因素，并无决定性作用。如失学、失恋、学习紧张、家庭纠纷、夫妻不和、意外事故等均对发病有一定影响，但这些事件均无特殊性。有不少妄想的患者内心常有一些个人认为不可告人的秘密，非常内疚，害怕别人知道他内心的想法，因此在处于某些特殊环境时常容易发病。

在心理因素上，弗洛伊德强调性驱力的力量，认为妄想是从同性恋期退化并固定在原始自恋期的结果。对同性的爱遭到禁止，继而投射成多疑及反叛。还有学者认为精神分裂症的病源在幼儿期，在此期间他们往往把自我与母亲的化身分裂成“完全好的”与“完全坏的”两个部分，如不能顺利度过此期，以后有可能罹患精神分裂症。有学说认为精神分裂症状与自我暗示或条件联想有关，如友人死于心肌梗死使患者对自身的轻微胸痛过分关注，或婚外性交后染上性病而产生焦虑与恐惧等。

四、社会与环境因素

个人身心的建立和发展总是离不开家庭教育、父母言行的影响，离不开社会大环境下人们为适应社会而形成的应激方式和行为习惯。研究表明，精神分裂症的患病率与家庭经济水平、受教育程度相关，而且失业者的患病率明显高于在职者。有关的研究还认为，患者的许多精神病性体验与婴幼儿早期的经验相关，比如遭遇冷漠、过度呵斥、无理要求可导致患者的思维、情感活动的歪曲和经验组织的分裂。家庭中父母的性格、言行举止和教育方式（如放纵、溺爱、过严）等都会影响子女的身心健康或导致个性偏离常态。家庭成员间的关系及其精神交流的紊乱对患者早期的精神状态有较大的影响。

生活不安定、居住拥挤、职业不固定、人际关系不良、噪音干扰、环境污染等均对发病有一定影响，农村精神分裂症发病率明显低于城市。妄想也可由于环境的变迁、个体生理心理条件的改变而发生，如对月经初潮、绝经期等的疑虑或由于医务人员言语不当造成的影响。

第三节　妄想型精神分裂症的评估与诊断

一、早期识别与评估

妄想型精神分裂症，又称偏执型精神分裂症，发病较晚。患者往往已经具有一定的社会地位，学业、职业能力，所以发病时的症状与青春型精神分裂症比较起来，比较合乎社会规范。如青春型精神分裂症患者可能有吃大便、当众自慰等行为，妄想型精神分裂症患者几乎不会有这类的行为。社会功能退化的情形，在妄想型精神分裂症患者身上算是比较轻的。精神分裂症患者妄想的内容是非常古怪的，会在毫无证据的情况下坚持认为自己遭受迫害，或者认为自己是上帝、是个不凡的人物，或者认为自己的言行和思维都被外星人控制了，这些古怪的妄想内容表明精神分裂症患者与现实是脱离的。

（一）早期识别

妄想型精神分裂症早期常见的发病症状有：

（1）性格改变。有的变得寡言少语，对人冷淡，疏远人群，躲避亲人并怀敌意；有的喜欢独自呆坐，或无目的漫游，或生活懒散，对原本很感兴趣的事物也不感兴趣；有的变得脾气暴躁，常无故发脾气；不遵守纪律，不能控制自己。

（2）敏感多疑。表现为对什么事都非常敏感，把周围的一些平常小事与自己联系起来，认为是针对自己的。如别人在交谈，认为是在议论他（她）；别人偶尔看他（她）一眼，认为是不怀好意；认为广播、电视、报纸的内容都和他（她）有关；察言观色，注意别人的一举一动；认为有人要害他（她），从而不敢喝水、吃饭、睡觉；认为配偶对其不忠而进行跟踪。

（3）言语行为怪异。表现为谈话话题不多，语句简单、内容单调，谈话内容缺乏中心或在谈话中说一些与谈话无关的内容，使人无法理解，感觉交谈费力或莫名其妙；或表现为自言自语，反复重复同一内容。除此之外，还有自笑等难以理解的行为。对周围人的劝告不加理睬。

（4）脱离现实。表现为沉湎于自己的幻想中，自语自笑；或感到周围的环境离自己很远，好像处在一个不真实的空间；还有的感到自己的肢体变得不是自己的了。

（5）注意力不集中。表现迟钝，注意力不能集中，上课时听不懂老师在讲什么，成绩明显下降，或对工作缺乏热情，工作能力下降。

（6）类似神经症症状。表现为失眠、头晕头痛、乏力、心烦、抑郁、焦虑、无端恐惧，或处于强迫状态，怕脏、怕得病、怕说错话等。

一般典型的妄想有以下三个特征：患者坚信或确信某信念，不接受事实和理性的纠正，不可被动摇和不可被纠正；妄想是自我卷入的，信念涉及自我；妄想是个人独特的，不被患者所在的文化群或亚文化群的其他成员所接受的。

某公司销售部经理整天忧心忡忡，不肯吃饭、喝水，认为别人在他的饭里、水里放了毒药。无论在什么场合，他总是小心翼翼，提心吊胆。当一个人在家时，总要在房里四处转转，看屋里是否藏着来谋杀他的人。走在大街上，会突然转过身看看后面是否有追杀他的人。他还经常向同事说有人要谋害他。问他怎么知道的，他说自己亲耳听到的。问他是谁，又无法说出。经公安部门侦查也没发现有谁要杀他。向他解释，也不听，只坚信有人要谋害他，请求公安机关给予保护。

（二）妄想的常见类型

除疑病妄想和影响妄想外，妄想型精神分裂症还有许多其他类型：

1. 关系妄想

患者坚信周围环境中的一些与他（她）不相关的现象均与他（她）有关，并把一些无关自己的事和人同自己联系起来，认为别人是针对自己做某些事、说某些话；已经发生的某些事、出现的某些现象是和自己相关的，如旁人之间的谈话，或者有人吐痰。

2. 被害妄想

患者由于缺乏安全感，对外界极度不信任而产生幻想。会无中生有地坚信某人或某群体对自己、自己的亲人、家庭进行监视、攻击或迫害。这些迫害活动包括阴谋、盯梢、投毒等。在妄想支配下，患者拒食、逃跑、控告以致自伤或伤人。

可以通过以下提问评估患者的关系妄想和被害妄想（以下问题都要求患者描述具体内容或给出例子）：

问1：周围人对你怎么样？

问2：觉得有人在故意针对你吗？

问3：觉得别人故意议论你或特别注意你吗？

问4：这些人有无更进一步的企图，比如跟踪你？甚至迫害你？

问5：范围有多大？换了环境也有吗？

问6：是你的猜测还是确有其事？你是怎么发现的？

问7：是否从其他途径也能发现这种想法？比如报纸、书籍、广播、电视等。

问8：遇到那种情况你怎么办？你采取方法对付了吗？报过警吗？有反

击吗？

问9：你因此而心情不好吗？有过自杀的念头或者行为吗？

3. 被动体验相关的妄想

要对关系妄想、被害妄想造成的人身自由被监视与控制感进行鉴别，可以通过以下提问评估患者的被动体验妄想：

问1：是否感到自己的思想、动作等被外力控制？举个例子。如动作、思维，心跳、呼吸、肠道蠕动等被控制的体验。

问2：是否觉得自己的想法不说出来，外人都能知道？举个例子。（一定要问：你是怎么发现这一点的?）

4. 嫉妒妄想

嫉妒妄想又称奥赛罗症候群，患者坚信自己的配偶对自己不忠，与其他异性有不正当的关系。他们会先采取一些方式搜集证据，如跟踪监视配偶、拆阅别人写给配偶的信件、检查配偶的衣物等，然后推断妄想的真实性。大部分情况下，这些指控完全是虚构的，但有时伴侣确实曾经有过不忠。

5. 夸大妄想

患者在患病初期时，会不可思议地认为自己处理事情的能力大增，在一些涉及生老病死、国家大事的方面，也很有能力。如坚信自己有非凡的才能、至高无上的权力、大量的财富等等。

6. 情爱妄想

患者坚信某异性对自己有好感，产生了爱情，或另一个人深爱着自己。这类型在女性中较为常见，但在法院审理的案件中则是男性较常见。幻想中的恋人通常是地位较高（如名人、明星或上司），很多是遥不可及的，有的在现实中根本不存在。患者通常认定对方先爱上了自己，但实际上两个人接触较少甚至完全没有真正接触。虽然患者有时会替对方编织借口，但也会恼羞成怒，做出一些异常的举动，如跟踪、骚扰、袭击、绑架、谋杀或者想要把“爱人”从幻想的危险中拯救出来等，常因此触犯法律。

7. 特殊意义妄想

患者认为周围人的言行、日常举动，不仅与他（她）有关，而且有一种特殊的含义。例如，某男性患者回家后见妻子在逗孩子玩，边滚动煮熟的鸡蛋，边说："滚蛋，滚蛋。"患者听到后内心不悦，其妻不知，又将一个削去皮的梨分给患者一半，患者当即勃然大怒，说："想和我离婚，没有那么容易。"劝解无效。

（三）危险因素评估

一旦发现个体具有行为或者功能方面的变化，就要进一步评定其危险因素，并作出系统的早期评估。精神分裂症的危险因素包括：

年龄：青少年和成年早期。

特征性危险因素：精神病阳性家族史、易患人格、病前适应能力较差、头部外伤史、产科并发症、出生季节等。

状态危险因素：生活事件、心理应激、药物依赖等。

（四）早期评估的内容

（1）建立友好关系：注意患者的情绪反应（紧张、担心、不想见）；让患者倾诉其感受或观点；与患者达成某种程度的共识。

（2）探索精神病的蛛丝马迹：如患者为什么辍学？为何不再工作？为何出现睡眠障碍？为何不想见朋友？生活习惯为何会改变？

（3）评定特定的症状：幻觉/妄想；思维障碍；行为改变；情感变化；模糊而轻微的精神病症状（如牵连观念、妄想性情绪、认知障碍等）。

（4）评定危险性：自杀；攻击行为；药物依赖。

（5）评定社会处境：存在的问题；家庭；朋友和其他亲属；家庭生活支持。

（6）评定病史：精神疾病史或躯体疾病史；家族史；躯体检查。

（7）评估家庭的观点和态度：病前性格和功能；患者的变化：程度/持续时间/是否持续；询问有关精神病的行为表现；家庭的解释是什么？他们希望什么？担心什么？（对来自家庭和朋友的资料进行评定非常重要，他们可能会注意到患者自己不能意识到的行为变化或不愿意讲的行为变化，他们的态度会对病史的真实性、诊断的认可与治疗依从性等产生影响。）

二、诊断要点

妄想型精神分裂症最明显的临床症状是固着的妄想，通常是被害妄想，常伴随幻觉，特别是幻听。妄想有一定的合理性，有一个核心的观念，有很多以自我为中心的理念来维护这个观念，并围绕这个观念展开其他的认知，而且拒绝逻辑的验证。

妄想型精神分裂症的症状标准：（满足下列 2 项以上，并非继发于意识障碍、智能障碍、情感高涨或低落）

（1）反复出现的言语性幻听，常见为患者诉说听见有人谩骂、指责，并因此烦恼，行为上表现出躁动不安并且想要伤人、自伤。

（2）明显的思维松弛、思维破裂、言语不连贯，或思维贫乏，对答不顺，回答问题没有逻辑，听起来像没有听懂说话者的意思，表情常常呆滞游离，无法完整清晰地表达意思。

（3）思想被插入、被撤走、被播散，思维中断；或强制性思维，诉说自己的思维不受控制；或者被其他事情占据着，突然出现与主题无关的联想，认为这种想法是不属于自己的，是别人强加给他的，并且自己改变不了。

（4）被动、被控制，或被洞悉体验，觉得自己的行为是受控制的，不是自己做出的，并且认为周围的人都能看透自己在想什么，因此感到恐慌焦虑。

（5）原发性妄想（包括妄想知觉、妄想心境）或其他荒谬的妄想。

（6）思维逻辑倒错、病理性象征性思维或语词新作，对于日常的事情总有自己的一套解释，旁人无法理解。比如看到“%”就认为是要离婚的意思；和朋友一起外出，看到马路上有一条狗，就认为自己要被提拔，通知很快会发到单位。

（7）情感倒错或明显的情感淡漠，对正常的情绪事件表现冷淡，大家都认为高兴或者悲伤的事情，从患者脸上看不出情绪反应，对周围漠不关心，不与他人交往。

（8）有紧张综合征、怪异行为，或有愚蠢行为。

（9）明显的意志减退或缺乏。

严重标准：对自身的病情没有自知力，严重损害社会功能或无法进行有效交谈。

病程标准：

（1）符合症状标准和严重标准已持续至少 1 个月（单纯型另有规定）。

（2）若同时符合分裂症和情感性精神障碍的症状标准，当情感症状减轻到不能满足情感性精神障碍症状标准时，分裂症状需继续满足分裂症的症状标准至少 2 周以上，方可诊断为分裂症。

排除标准：排除器质性精神障碍及精神活性物质和非成瘾物质所致的精神障碍。尚未缓解的分裂症病人，若又罹患本项中前述两类疾病，应并列诊断。

第四节　心理干预

妄想型精神分裂症的患者在服用抗精神病药物减轻精神症状和防止复发的同时，也可以进行必要的心理干预与处理。医生和家属应帮助患者认识自身的病情，采取科学态度，实事求是地讨论症状的性质和患病的原因，通过给予患者支持来帮助其改变，避免给其过度的压力。有疑病妄想的患者，经过医生确定诊断后应将检查结果告诉患者，说明不再进行躯体检查，同时开始心理治疗。心理治疗的目的在于让患者了解所患疾病的性质，解除或减轻精神因素的影响。

一、减少诱发因素

目标：帮助患者正确对待疾病，正确对待现实生活，提高心理承受能力。

干预措施：

（1）一定要注意不要为稳定患者的情绪而迎合患者的妄想。如果为了稳定患者的情绪，承认自己对患者的迫害并承认错误不仅对患者病情的改善没有益处，反而会加重和巩固患者的妄想。

（2）如果有的患者认为饭里有毒而拒食，可以带他去食堂，看自己与其他人进食同样的饭，也可以让患者自己选择食物，或者让别人先吃一口他再吃以解除患者的顾虑。

（3）有些妄想会将家属涉及其中，这个时候切忌做过多解释，应当尽量减少家属与其接触，不要在患者面前低声交谈，以免引起患者猜疑，强化妄想内容。

（4）有的患者在妄想支配下，有时可发生自杀、自伤、伤人、毁物或外走行为，要加强观察，留意患者的状态变化，注意安全。

二、提供心理支持

目标：给予必要的心理支持。

干预措施：

（1）耐心倾听求助者诉说的躯体不适感，理解病人的痛苦，予以同情而不做出任何反驳或面质。尽管别人看来很荒谬，但病人感受到的“痛苦”是真实的，设身处地地理解求助者的惊恐、无助、焦虑、担忧和抑郁等情绪，与求助者建立良好的关系，积极发挥咨询师的知识和权威来支持求助者，对患者的疾病和症状不要急于否认，也不要对治疗轻易下保证。

（2）要答应病人做进一步检查的要求，在理解的基础上，巧妙地婉拒不必要的检查，否则极易引起医患对立情绪的出现。

（3）对医疗检查或体格检查的结果进行解释，着重说明未发现有威胁生命的症状存在。

（4）治疗过程中，当患者出现新的症状与诉述时，切不要简单地归入疑病症状之中，须认真检查是否确实伴发了躯体疾病，以免延误治疗。

三、转移注意力

目标：鼓励患者参加各种娱乐活动，维持理智和兴趣。

干预措施：

根据妄想患者的爱好和特长，鼓励其参加各种娱乐活动，以分散注意力，减轻妄想。爱好音乐的用音乐疗法；热爱运动的用体育疗法，参加适当的体育活动；爱好交流的就鼓励其多与人沟通互动；爱好劳动就让其做一些力所能及的手工作业。

四、提高认知

目标：纠正患者的自我认知，建立对客观事物的正确认识。

干预措施：

由于对别人不信任、敏感多疑，患者不会接受任何善意忠告，所以首先要与他们建立信任关系，在相互信任的基础上交流情感。全面介绍其自身人格障碍的性质、特点、危害性及纠正方法，使其对自己有正确、客观的认识，并自觉自愿地产生要求改变自身人格缺陷的愿望。

五、交友训练

目标：鼓励患者积极主动地进行交友活动，在交友中学会信任别人，消除不安感。

干预措施：

（1）引导患者采取诚心诚意、肝胆相照的态度积极地交友，使其相信大多数人是友好的，是可以信赖的，不应该对朋友尤其是知心朋友存在偏见和不信任态度。

（2）引导患者在交往中尽量主动给予朋友各种帮助，尤其当别人有困难时更应鼎力相助，患难中见真情。

（3）引导患者与和自己性格、脾气等方面相似的人交朋友，感受“心理相容”的感觉。

六、敌意纠正训练

目标：引导患者克服敌意对抗心理。

干预措施：

（1）引导患者经常提醒自己不要陷于“敌对心理”的旋涡中，要经常自我提醒和纠正，这样会明显减轻敌意心理和强烈的情绪反应。

（2）引导患者要懂得只有尊重别人，才能得到别人尊重的基本道理。使其学会对那些帮助过自己的人真诚道谢，而不是不疼不痒地说一声“谢谢”，更不能不理不睬。

（3）引导患者学会向他们认识的所有人微笑，可能开始时很不习惯，做得不自然，但鼓励其必须这样做，而且努力去做好。

（4）引导患者在生活中学会忍让和耐心。生活在复杂的大千世界中，冲突纠纷和摩擦是难免的，这时必须忍让和克制，不能让敌对的怒火烧得自己晕头转向。

附　录

一、几种常用的放松训练指导语

放松训练指导语用于医生（第一人称）对受训者（第二人称）的指导。

放松指导语（一）

选择一种舒适的姿势。

在一张舒适的椅子上坐下，做一些调整，最终尽可能地让你自己感到舒服，尽可能的无拘无束，让思绪掠过你的肢体及双颊，看一下是否每个地方都是放松的，没有束缚紧绷的衣物，身体也没有不舒服的姿势。

逐步放松身体的各个部位。

（1）现在让你的注意力，从头顶漫游到头皮及前额，舒展头皮和前额的所有肌肉，任其自然和放松。舒展这些肌肉，让你的头皮舒服地躺在头顶并让这种放松弥漫到你的眉头、脸部甚至是你的眼睛。让你的眼睛舒服地休息。继续让放松的感觉扩散到你的双颊、嘴唇和下颌，让你的整个双颊变得舒服和放松。注意你的下巴，让支撑你下巴的肌肉放松，任其自然。你会注意到由于重力的原因，你的下巴会微微下坠，而你嘴唇会稍稍分开。

（2）在你放松脸颊时，也要放松舌头、喉咙和声带，让你的声音变得异常安静，而你的舌头则舒服地躺在嘴巴里。让放松继续扩散，飘流到你的脑后方，让所有的肌肉顺着你的颈部垂向你的双肩，舒展你颈部和肩部所有的肌肉。你可以把它们想象成有很多小结的绳子，而你打开了这些小结，它们松散而柔软地垂下来，舒平它们，让它们自由、柔顺、宽松地垂在那里。继续放松你的双肩与颈，让放松感扩延到你的胳膊，放松你上臂所有的肌肉，然后再到肘部与前臂，舒展开所有的肌肉，任其自然。放松你手腕、手掌部所有的肌肉，再到你的指尖，让你的胳膊感到舒服和放松，让你的血液通畅地流到你指端，并且认识到你已经消除了你上肢与肩部的紧张，血液更加舒畅、更加轻松地流到你的指尖。

（3）继续放松你的头、脸、颈、肩膀与上肢，同时将你的注意力转移到你的后背上部，顺着你的肩膀和后背上部舒张开你所有的肌肉，再下移到后背下部，在以相同的方式下移到你的腰部和臀部。让放松的感觉扩展到你身体两侧，让围绕你的肘弓的肌肉放松。注意你每一次呼吸的呼与吸，吸进的空气通过你的鼻孔，向下，再向下进入你的肺。当空气充满肺部时，再将它们呼出，让你的呼吸平稳、缓和而富有节奏。伴随着每一次呼吸，让自己完全陷到椅子中去。让放松扩及你的腹部和腰，舒展你胃部所有的肌肉，让你的胃部变得放松，仔细注意并体会这种放松的感觉。

（4）放松已围绕于你的臀部、腰部和骨盆所有肌肉，让你的整个骨盆放松舒展。继续让放松蔓延到你的大腿、膝盖、胫部、腓部和脚，让你的腿变得有一种沉重的舒服与放松。放松你的脚腕、脚跟和脚板，甚至到你的脚底与脚趾。随着你的腿部变得舒服的沉重，血液舒畅地流进你的脚趾，你的脚变得更加温暖。

（5）你整个身体，从头顶到脚趾，都是放松、平和而安静的，内部极其平静。现在随着每一次呼吸，让你的躯体再放松一点，随着你的每一次呼吸，让你的身体进一步深陷到椅子中去，感到舒服的放松感。尽管你越来越放松，但你明白清醒。尽管明白清醒，却异常放松。放松让你的整个系统有一个深层的休息，虽然你此时明白清醒。放松不同于疲劳，疲劳是对系统紧张所产生能量的消耗，而那些为紧张所消耗的能量，可能在你深度放松时被储存，正如你现在所体验到的：身体得到一种彻底的休息，使你精神焕发，恢复活力。

当你练习这些使你达到深度放松的技巧时，请认识到，无论你用什么技巧，你都会越来越善于和有效地使自己更快地放松，达到有效率的放松，这样，只需要用“平静”“非常安静或放松”之类的话语你就可以很快取得深层的放松，而不是像现在这样，一组肌肉接着一组肌肉地练习，完成所有的放松程序。随着练习次数的增加，放松的深度还可以加深。除此以外，你的内心应该始终保持清醒明白，但是身体却很放松，内心非常的平静。当你准备好时，你可以清楚地意识到你所在的房间和周围的环境。睁开眼睛，依然是放松的，全身的感觉都很好，精神焕发，好像刚刚彻底地休息了一次一样。

放松指导语（二）

（1）现在找一个舒服的位置坐下，靠在上面休息，请注意在紧张与放松之间有所停顿。

（2）我们首先从如何放松你的上臂开始。靠到椅子上，让身体尽可能的舒服和放松。好，在你像这样放松的时候，握紧你的右手，当右手握得越来越紧的时候，体会你此时所感受到的紧张。继续紧握，感受你右拳与右前臂的张力。现在放松，松开你右手的手指，体会你现在的感觉。彻底地放松自己，全身变得越来越放松。再来一次，握紧右手，确信你的拳头的确很紧，坚持并再次感受这种张力。现在放开手，放松，伸开手指，再次感受这两者之间的差异。再用左手重复这一步骤，握紧你的拳头，而你身体的其他部分都是放松的。握得再紧一些，体会紧张与放松，感受这两者之间的差异。再重复一遍这个动作，握起左拳，紧实而富有张力，然后过渡到放松，感受它们的差异性。像这样再放松一会儿，然后握起双拳且越来越紧，双拳都很紧张，前臂也处于紧张状态，体会一下这种感觉。然后放松，伸开你的手指，感受一下放松的感觉，继续放松你的手和前臂，程度越来越深。

（3）现在屈臂，使你的肱二头肌收缩，变得越来越紧张，体会你所感觉到的张力。伸开胳膊让双臂放松，感受其中的差异。再次收缩肱二头肌，保持紧张，细细地体味紧张时的感觉。伸开胳膊，让双臂放松，尽你最大的努力去放松。每次当你从紧张到放松时，请留心注意你的感受。现在伸直胳膊，直到你感到你的肱二头肌和上臂后面的肌肉处于最紧张的状态。然后放松，让你的胳膊回收，使它们处于一个最舒适的位置上，让放松的感觉继续加深。随着你让他们进一步放松，手臂会有一种舒适的沉重感。再次伸直胳膊，感受肱二头肌处的紧张，感受这种紧张然后再放松。

（4）现在让我们注意手臂彻底放松的感觉。让你的双臂保持舒服的姿势，使之越来越放松。再进一步放松你的双臂，即使是你的双臂已经完全放松了，尽量使它们能够再放松一点，进入越来越深的放松的状态，舒展开你的肌肉，自由而沉重。安静而舒服地靠在椅子上，皱起你的前额，皱得紧一些。现在停止皱你的额头，放松舒展它们，想象随着放松的增加，前额和头皮越来越舒展。现在皱起你的眉毛，体会这种紧张。然后消除这种紧张，再次舒展你的前额。现在闭上眼睛，闭得越来越紧，感受一下这种紧张，再次放松你的眼睛，轻轻地舒服地闭上眼睛，注意这种放松。

（5）现在咬紧双颌，感受整个颌部的张力。接下来放松你的上下颌。让你双唇微张，体会这种放松。现在让你的舌头抵住上颚，寻找舌头上的紧张。然后让你的舌头重新回到舒服和放松的位置。闭紧你的双唇，越来越紧，然后放开双唇，注意紧张与放松之间的差别。感受整个面部和整个前额、头皮、眼睛、颌、嘴唇、舌和颈的放松。

(6) 将你的头尽量地向后挺以体会存在于颈部的张力，颈向右扭，感到张力转移了。向左扭动，颈尽量前伸，将你的下巴抵到胸部上。现在让你的头回到自己感到舒服的地方，体会一下放松的感觉并让放松进一步加深。耸起双肩，保持张力。放下双肩，放松颈部和肩部，感受一下放松的感觉。再次耸起双肩向右移，使你的双肩向前上、向后动，感受一下你肩部和后背上部的张力，再次放下双肩，放松，让放松的感觉深深地扩及肩部，直至背部肌肉。放松你的后背、颌部和面部区域，感受到完全的放松而且放松越来越深。

(7) 尽可能放松你的整个身体，感受伴随放松的那种舒服感和沉重感。随着自在的呼吸，注意你呼吸时放松是如何加深的。当你呼出气时，就可能感到放松。现在吸气并且随意放松，再吸气并且屏住呼吸，体会紧张。呼出气体让胸膛回收变得松弛，从而自动地将气体排出。继续放松并且随意呼吸，感到放松在增长，随着身体的其他部分放松，再尽可能地放松。重新深吸气，再次屏住呼吸。现在呼气并且感受这种彻底的放松。保持正常的呼吸，继续放松你的胸部，并且让放松的感觉扩散到后背、肩部与双臂，任其自然放松并体会这种放松的感觉。

(8) 现在让我们注意你腹部的肌肉。紧缩腹部的肌肉，让它变得坚硬起来，好像腹部正准备承受重击一样。注意这种张力然后放松，让肌肉舒张并注意感觉上的变化。再来一次，紧缩你的腹部肌肉，保持这种张力并体会它。现在放松，注意在放松时那种相伴而来的感觉。现在内收你的腹部，保持着肌肉的张力不变，体会一下腹部的紧张，然后放松，放松腹部，保持正常的呼吸，感受呼吸时遍及胸腹的活动。现在再次紧缩腹部并感受这种压力。现在再来一次，收缩小腹，感受这种紧张。充分地放松你的腹部，随着放松的加深，紧张渐渐消于无形。每次你呼吸时，注意这种节奏性的放松，既存在于你肺部，也存于你的腹部。注意你的胸腹是如何越来越放松的，尽力消除你身体任一部分肌肉的收缩。

(9) 现在把你注意力放到你后背下部，弓起你的背，从而使你的后背尽可能地空。仔细感受那种沿着脊柱分布的张力并舒服地坐好，将后背下部放松。现在只弓起你的背，尽力保持身体的其他部分放松，尽可能地让张力布满后背下部，感受此时的紧张。现在完全放松，放松你的后背下部和上部，把放松的感觉手扩散到你腹部、胸、双肩、

(10) 现在收缩你大腿和臀部的肌肉。下压你的脚踝，从而使大腿的肌肉

紧张，放松并体会其中的差异。这一次伸直你的踝部来收缩大腿的肌肉，使其保持紧张。放松臀部和大腿，让放松的感觉自然而然地发生。向下挤压脚背、脚趾，使腓侧的肌肉紧张起来。当放松脚和腓侧的肌肉时，张力消失了。这一次将你的脚向上翘起，这样你可以感到张力沿着胫骨存贮。将你的脚趾也翘起，然后放松，将放松的状态保持一会儿。现在放松你的肢、踝、腓、胫、大腿、臀部、髋部，感觉下半身的那种沉重感。进一步放松自己，让放松感扩及你的后背上部、胸、肩、双臂，直到你的手指。在椅子上继续放松，感觉越来越放松，越来越舒适，整个身体没有一点儿紧张。放松你的心情，放松你的上下颌和面部所有的肌肉，让你整个身体都处于放松的状态，只要一会儿，你就会发现自己已经深深地放松了。深呼吸，然后慢慢地呼出，你发现自己整个身体更加放松了，再来一次更长更深的呼吸，慢慢地呼出。当你准备好时，就让你自己清楚周围的环境，精力焕发而又保持放松。你感觉如何？

放松指导语（三）

放松是为了摆脱日常生活中意识到的警觉状态，进入到另一种意识状态中去，每个受训者都通过自己的方法对此有所体验。尽管如此，真正好的开始却是躯体放松的愉悦的感觉。通过放松可以使身体达到其最佳的放松状态或者是休息、治疗的状态。你可以获得新知识，加强自我控制的能力。有一点需要记住，偶尔忽略放松治疗的指导语往往是放松的一个信号。

下面是放松进行的指导语：

（1）舒服地躺下，双腿不要交叉，双臂变得沉重，松散地摆在身体的两侧，让你的头有很好的支撑。开始深呼吸，伴随着入耳的气息声，呼出所有的空气。好的，现在把注意力放到自己安静自在的呼吸上来，想象一下呼吸的节奏，好像你在一个摇椅里轻轻地摆动，或是在秋千上荡来荡去。当你放松时，请留心那种如同呼吸一样使人愉快的躯体感，这可以帮你驱除心灵里的不速之客——它们属于那个积极的警觉的世界。当你放松时，你会喜欢那种愉快和任其自然放松的感觉。想一想，每次呼吸时我们都会吸进新鲜干净的空气，排出废气，带走体内的紧张，所以就把每一次呼吸作为一种叹息。当你留意自己轻柔、舒适的呼吸时，叹息中你已呼出了紧张不安。

（2）好，在接下来的呼气中，请注意你胸部的感觉。伴随着你每一次的呼吸，胸部与后背的紧张就在一声叹息中带走了。让你的肋骨下沉，让你肩峰聚向一起，体会一下多呼出一点空气时胸部的那种放松感受与沉重感，当你的胸肺越来越放松时，注意那种沉重与轻松的感觉。好的，现在让我们把注意力放到你的腹部，让随后的几次叹息把胃与后背的紧张带走。每次呼吸的时候，腹部的放松感与沉重感就更加明显一点。想象一下你腹部的纽扣朝向你的后背深陷下去，体会一下愉快的、任其自然放松的感觉。想象一下皮带从你腰下滑落，似乎在每次呼吸时，皮带上的钩子都已经脱开了。

（3）现在想象一下你的骨盆部。注意体会这里的感觉是多么沉重与放松啊！让这种放松的感觉从你的胸腹下移到你的骨盆，直至臀部，在头脑里想象伴随着每一次呼吸，臀部的紧张都会减少一点。让这种沉重与放松的感觉从你的骨盆移到大腿。注意你的大腿，想象一下它们随着每次呼气，都会放松一点点。

（4）让你的双腿变得沉重而松弛，感受在膝部、小腿、脚部与脚趾存在的那种沉重感，让每一次呼气在呼出紧张与废气的时候，使你的腿部越来越放松。现在有一种美好的静止、平和的感觉出现。或许是在你全心注意这种愉快的静止和沉重感时，这种健康、统一的感觉出现了。现在注意一下你的肩膀，看它们是否尽可能地舒张与放松。注意你的双肩，让它们尽可能地下沉，远离你的耳朵。伴随着你的每一次呼气，它们更加沉重与放松了。肩部的紧张被带走了，感受那种沉重与放松的感觉。让它们一步步变大，让你胳膊变得沉重而平和，直到手掌、手指。现在注意放松，沉重的感觉从你的胸肩上移到了头与颈，让你脸部的各个部位变得松弛。当下颌放松时，下颌轻松地挂在那里，双唇微开，舌头像躺在水塘里一样躺在嘴里。这种松弛、愉快的感觉向下扩延，注意，它们已经到了你的喉咙。让你的双颊舒松而沉重。想象你的眼睑轻柔地靠在你闭起的眼睛上，像一条疏散沉重的毯子。想象你的眼睛也舒展开，舒平它周围的每一条皱纹，从而使你的眼睛更加放松。舒展开你的眼睛，舒展开你前额皱纹，舒平你的头发，直到你的耳朵。

（5）现在你的脸更加放松了，你的头皮变得沉重。注意放松颈部所有的肌肉，从前到后，从后到前，让你的脑袋随着每一次呼气都变得更加沉重一点。你可以感觉到这种释放，紧张被呼出得越来越多，就像锚链在一级级地下降，越来越深，越来越深。

（6）现在回头看一下，你身体的哪一部分还需要放松，就在想象中探察你身体的那一部分。看一下，你是否能够将其中的某一部分更加放松。你可以用呼气作为一种信号来呼出紧张。继续注意那些愉快的、温暖的与麻醉的感觉——任何一种让人快乐的感觉。有时候沉重感会变成一种轻快的感觉，无论你感觉到什么，都让它增长。想象感觉在增长、扩散，如果你感觉你腹部有一种愉快的感觉，就让它扩散到你的胸部，通过腋窝，到达肩部、胳膊、手、颈部、脸和头，向下从腹部到骨盆、臀部、腿部和脚趾，如果你感觉到一种沉重感，就让它增长。让自己深深地陷入椅子中，始终注意着你的感觉与感受，如果有别的想法闯入，就把你的注意力转移到身体愉快的放松感上。

（7）现在让我们来增加这种放松的感受，想象一些数字，就像它们是写在黑板上一样。从数字一数到十，一次一个数字，每个数字都可以增长你放松的感受，你会体验到更深的感觉，感受到更深的沉静，并且任由数字过去。从数字 1 开始。闭上眼睛，想象数字 1，感觉到沉重与平静的增长，一种美妙的统一感；想象数字 2，沉重感增加；想象数字 3，感觉更加放松了；现在是数字 4，更多的平和安静；数字 5，你感觉是那么的宽松，那么的平静，那么的放松，以至于似乎不能再感受到腿与胳膊的存在，这是一种美好和自由的感受；想象数字 6，继续享受那种令人飘荡着的愉快的放松感；数字 7，就像是写在黑板上一样；数字 8，随着你越来越放松，你的内心似乎已经达到了自在之境；想象数字 9，你可以感觉到你的身体是那样的放松，以至于你感到一种轻松感，内心里有一种非常好的平静与控制感，一种增加了的统一感；想象数字 10，注意任何一种令人轻松愉快的感觉，感觉到越来越强烈的和谐感，越来越深的平和安静。

（8）如果能在白天里经常想起这些放松的感觉是一件很有益的事情，你可以用一些特殊的字词作为刺激物来帮助自己回忆这些感觉。例如，平静、安详、平和等，一遍遍地把这些字词念给自己听，尽可能地重复这些刺激物。就在这些愉快与放松的感觉持续时，向自己一遍遍地重复这些词。

（9）很好，现在让我们对比一下放松和紧张这两种感觉，能够认识紧张是一个好的开始。你只要睁开眼睛，就可以体验到紧张与表层紧张。让你的身体保持静止和放松，然后睁开眼睛，就可能体验到表层紧张。让你的身体保持静止和放松，然后睁开眼睛一分钟。当你睁开眼睛时，检查一下对表面紧张的感觉。闭上眼睛，让深深的放松感重新回来，注意表面紧张消失，再注意一下深度放松时的愉快感受。你还可以用另一种方法来体验表层紧张，深吸气，屏住呼吸，注意从胸部开始向肩部、颈部和腹部扩散的紧张感。现在呼出气，回到正常情况下的放松状态，安静地呼吸，注意不断加深的放松感。

（10）现在你的身体已经开始放松了，让你的心灵跟随着眼幕后的光点放松。每个人都有看到光点的潜能。通常它们是一些五颜六色的柔和的幻影，不断地移动变幻，有时是色彩斑斓，有时则是黑白二色。有时它们清楚具体，不过大多数时候它们是一些模糊的柔和的不断移动的色影。进一步放松，强求它们的出现，当你发现它们时，就跟随它们，无论它们跑到哪里都跟随它们。如果失掉了它们的踪影，你可以挤一下眼睛，这样就可以再次找到它们。然后放松并且跟随着光点，无论你做什么，只管在眼皮后面跟着。继续放松并且跟随它们。当你尾随你的光点时，只管跟着它们，让你的想象游荡，让你任一种感觉或情绪跟着它们，只管飞翔飘荡。有时颜色会暗示某些安静的去处，比如蓝色，可能变成天空或大海；白色或粉红色可以是云。看一下你是否可以想象出蓝天白云，想象你自己躺在白云上，体会那种躺在白云上飘飘然的舒服感觉。继续放松你的身体，直到你感觉到一件普通的东西，比方说厨房里的烤箱、一件你喜欢的礼物，或者是一株植物，想象一下这件东西的大小、形状等等。看看它的颜色，想象它的纹理和质地。这样想象的办法很多。在你闭着的双眼里你所体验到的每一种感觉都是美好的。要全神贯注于放松等愉快的感觉，比方说，沉重感、轻飘飘的感觉、温暖或麻木的感觉。

（11）当你想结束你的放松疗程时，你应该给自己几分钟，使自己能够从放松状态下返回到平日里警觉的意识世界。可能通过从 5 数到 1 来进行这一过程。当你数 1 时，你觉得眼睛越来越大，感到越来越警觉，越来越活跃。经过放松，你觉得休息充分，精力焕发。如果你想的话，现在就可以开始数数。5、4、3，你觉得仿佛已经睁开了双眼，慢慢地舒展一下自己的身体，伸展一下你的胳膊、腿、躯干、颈部以及你全身所有的肌肉，让它们慢慢地移动，慢慢地收缩与伸展。请注意当你伸展你身体的时候，那种精力充沛的感觉。现在迅速回到那种放松的状态，但是不要闭上眼睛，让思维活跃警觉，只要在那一刻保持安静就可以了。感受一下在觉醒状态下那种良好的放松的感觉，不久前你曾经在放松状态下感受过它们。尽可能地让这些放松的感觉伴随着你，尽可能在白天的活动里去重复体验这些感觉，把放松带到你的生活中去，这是一件很重要的事情。

（12）如果你想继续你的放松，那就坐下来，闭上眼睛，让你的身体重新松弛下来。让你的思绪自由自在地飘荡起来，直到你想睁开眼睛重新回到警觉状态。

二、渐进性肌肉松弛训练

渐进性松弛疗法（progressive relaxation therapy），由美国生理学家 Edmund Jacobson 创建，是最常用的一种行为疗法。求助者在学会感受肌肉紧张和松弛的区别的前提下，随着肌张力的下降将体验到深度的松弛。现在广泛使用的松弛训练涉及16个肌群，一般需要12个治疗小时的学习（包括家庭作业），每次训练需要20~30分钟。

具体实施过程如下：①实施前的条件准备；②治疗前的晤谈；③正式的紧张—松弛周期循环训练；④松弛练习的结束；⑤布置家庭作业。

经过反复训练，当求助者能随意自然地放松全身时，训练可以逐步停止。以后，求助者凭着对放松感觉的把握，反射性地使自己放松。

指导语：

我现在来教大家怎样使自己放松。为了做到这一点，我将让你先紧张，然后放松全身的肌肉。紧张及放松的意义在于使你体验到放松的感觉，从而学会如何保持松弛的感觉。

下面我将使你全身的肌肉逐渐紧张和放松，从手部开始，依次是上肢、肩部、头部、颈部、胸部、腹部、臀部、下肢直至双脚，依次对各组肌群进行先紧张后放松的练习，最后达到全身放松的目的。

第一步：

深吸一口气，保持一会儿。（停10秒）

好，请慢慢地把气呼出来，慢慢地把气呼出来。（停5秒）

现在我们再做一次。请你深深吸进一口气，保持一会儿，保持一会儿。（停10秒）

好，请慢慢把气呼出来，慢慢把气呼出来。

第二步：

现在，请伸出你的前臂，握紧拳头，用力握紧，体验你手上紧张的感觉。（停10秒）

好，请放松，尽力放松双手，体验放松后的感觉。你可能感到沉重、轻松、温暖，这些都是放松的感觉，请你体验这种感觉。（停5秒）

我们现在再做一次。（同上）

第三步：

现在弯曲你的双臂，用力绷紧双臂的肌肉，保持一会儿，体验双臂肌肉紧张的感觉。（停10秒）

好，现在放松，彻底放松你的双臂，体验放松后的感觉。（停5秒）我们现在再做一次。（同上）

第四步：

现在开始练习如何放松双脚。（停 5 秒）

好，绷紧你的双脚，脚趾用力绷紧，用力绷紧，保持一会儿。（停10 秒）

好，放松，彻底放松你的双脚。

我们现在再做一次。（同上）

第五步：

现在开始放松小腿部肌肉。（停 5 秒）

请将脚尖用劲向上翘，脚跟向下向后紧压，绷紧小腿部肌肉，保持一会儿，保持一会儿。（停 10 秒）

好，放松，彻底放松。（停 5 秒）

我们现在再做一次。（同上）

第六步：

现在开始放松大腿部肌肉。

请用脚跟向前向下紧压，绷紧大腿肌肉，保持一会儿，保持一会儿。（停 10 秒）

好，放松，彻底放松。（停 5 秒）

我们现在再做一次。（同上）

第七步：

现在开始注意头部肌肉。

请皱紧额部的肌肉，皱紧，保持一会儿，保持一会儿。（停 10 秒）

好，放松，彻底放松。（停 5 秒）

现在，请紧闭双眼，用力紧闭，保持一会儿，保持一会儿。（停 10 秒）

好，放松，彻底放松。（停 5 秒）

现在，转动你的眼球，从上，到左，到下，到右，加快速度；好，现在从相反方向转动你的眼球，加快速度。好，停下来，放松，彻底放松。（停 10 秒）

现在，较紧你的牙齿，用力咬紧，保持一会儿，保持一会儿。（停10 秒）

好，放松，彻底放松。（停 5 秒）

现在，用舌头使劲顶住上腭，保持一会儿，保持一会儿。（停 10 秒）

好，放松，彻底放松。（停 5 秒）

现在，请用力将头向后压，用力，保持一会儿，保持一会儿。（停10 秒）

好，放松，彻底放松。（停 5 秒）

现在，收紧你的下巴，用颈向内收紧，保持一会儿，保持一会儿。(停10秒）好，放松，彻底放松。(停5秒)

我们现在再做一次。(同上)

第八步：

现在，请注意躯干部肌肉。(停5秒)

好，请往后扩展你的双肩，用力往后扩展，保持一会儿，保持一会儿。(停10秒)

好，放松，彻底放松。(停5秒)

我们现在再做一次。(同上)

第九步：

现在上提你的双肩，尽可能使双肩接近你的耳垂，用力上提，保持一会儿，保持一会儿。(停10秒)

好，放松，彻底放松。(停5秒）我们现在再做一次。(同上)

第十步：

现在向内收紧你的双肩，用力内收，保持一会儿，保持一会儿。(停10秒)

好，放松，彻底放松。(停5秒）我们现在再做一次。(同上)

第十一步：

现在，请向上抬起你的双腿（先左后右或是先右后左均可)，用力上抬，弯曲你的腰，用力弯曲，保持一会儿，保持一会儿。(停10秒）好，放松，彻底放松。(停5秒)

我们现在再做一次。(同上)

第十二步：

现在，请绷紧臀部的肌肉，会阴部用力上提，用力，保持一会儿，保持一会儿。(停10秒)

好，放松，彻底放松。(停5秒）我们现在再做一次。(同上)

结束语：

这就是整个渐进性肌肉放松训练过程。现在，请感受你身上的肌群，从下向上，全身每一组肌肉都处于放松状态。(停10秒)

请进一步注意放松后的感觉，此时你有一种温暖、愉快、舒适的感觉，并将这种感觉尽量保持1～2分钟。(停1分钟)

上面是渐进性肌肉松弛训练的程序，每日进行1～2次，每次15分钟。

持之以恒，循序渐进，坚持训练，最终会取得较好效果。

三、自主训练程序

该方法由德国精神病医生 Schultz 从催眠疗法发展而来，是应用自我暗示来达到松弛的一种方法。

此方法要求在安静舒适的房间内进行，练习时取静坐姿势。求助者坐在没有靠背的凳子上，双脚轻度外展略超出坐凳，前臂下垂至约大腿的中部，下垂的手形成“V”形平放在大腿上。背部向前弯曲，头向前方低垂，下巴支撑于胸骨之上。该方法由 6 种训练组成，即肢体沉重感训练、温暖感训练、心脏训练、呼吸训练、腹部温暖感训练和额部清凉感训练。

训练均要在指导语的暗示下缓慢进行。每一种训练都有其特定的指导语，如心脏训练的指导语“心跳相当平稳和有节奏”；呼吸训练的指导语有“我的呼吸很慢、很深”；额部训练的指导语“前额令人舒适的凉爽”。经过有效的练习之后，可将指导语缩减“平静、沉重、温暖、心跳呼吸平稳、腹部温暖、额部凉爽”，以迅速达到完全松弛的状态。

一般要求：①将注意高度集中于自我暗示语上；②需要清晰、逼真地想象带有情绪色彩的形象；③能够清晰知觉肌肉不同程度的紧张状态，从极度紧张到极度放松；④进行深沉而缓慢的腹式呼吸。

准备姿势：①马车夫式：想象一位车夫从容地坐在椅子或凳子上，头微微向前，手和胳膊轻松地放在大腿上，两腿取较舒适的姿势，脚尖微微朝外，闭上双眼。②软椅式：舒适地坐在一张软椅上，胳膊和手放在椅子的扶手或自己的腿上，双腿和脚取舒适的姿势，脚尖略向外，闭上双眼；③躺式：仰面躺下，头舒服地靠在枕上，两臂微微弯曲，手心向下放在身体两旁，两腿放松，稍分开，脚尖略朝外，闭上双眼。

准备动作：想象自己套上一副放松面罩，这副神奇的面罩把脸上紧锁的双眉和紧张的皱纹舒展开来，放松了脸上的全部肌肉，眼睛向下盯着鼻尖，闭上眼睛，下巴放松，嘴略微张开，舌尖贴在上龈，慢慢地、柔和地、放松地做深呼吸。当空气吸入时，会感到腹部隆起，然后慢慢地呼出，呼出的时间是吸入的两倍，每一次呼吸的时间都比上一次更长一些。第一次可以是一拍，最后达到六拍左右。然后再把刚才的过程反过来，吸入六拍，呼出十二拍，吸入五拍，呼出十拍，一直降到吸入一拍为止。做 2 ~ 3 分钟这种准备动作后，接着开始做以下练习

1. 沉重感练习

闭上双眼，从右手开始做起。一边默默地重复下面的句子，一边想着它们的含义：我的右臂变得麻痹和沉重（6~8次）；我的右臂越来越沉重（6~8次）；我的右臂沉重极了（6~8次）；我感到极度平静（1次）。现在睁开眼睛，抛掉这种沉重感，弯曲几下胳膊，做几次深呼吸，重新摆好适当的姿势，设想自己又套上放松面罩，重复前边的动作，包括准备动作。每天做2~3次这种沉重感练习，每次7~10分钟。要逐步重复前面的句子，用适当的语调对自己重复，同时设想自己的手臂正在变得越来越沉重。做这个练习时，不要过分用力，只要全神贯注于这些词句和沉重的感觉就行了。如果想象不出这种沉重感，就在两次练习之间举个重东西，体会这种感觉，并对自己大声说："我的胳膊越来越沉重"。用右臂做三天这种沉重感练习，然后用完全相同的方法再用左臂做三天这种练习，最后按照下面的程序做这种练习：双臂变得麻痹和沉重（3天）；右腿变得麻痹和沉重（3天）；左腿变得麻痹和沉重（3天）；双腿变得麻痹和沉重（3天）；四肢变得麻痹和沉重（3天）。

这种沉重感练习共需要21天。如果在21天之前就已经产生了沉重感，也可以提前进行第二种练习。一般来说，有必要用21天的时间打下坚实的基础，有规律地进行，才能最快地获得效果。

2. 热感练习

先做两分钟的准备活动，然后再扼要地重复前面做过的练习。重复一遍最后一次臂部和腿部的沉重感练习，只需要45秒到1分钟的时间，然后就可以开始做热感练习。一般程序如下：我的右臂正变得麻痹和燥热（6~8次）；我的右臂越来越热（6~8次）；我的右臂热极了（6~8次）；我感到极度平静（1次）。在重复上面这个程序时，要同时想象句子所表达的意思。按照这个程序做三天右臂练习，三天左臂练习，三天双臂练习，然后是练习右腿、左腿、双腿、四肢各三天。最后把第一种和第二种练习的最后部分合起来做一遍：我的四肢变得麻痹、沉重和燥热（6~8次）；我的四肢越来越沉重和燥热（6~8次）；我的四肢沉重和燥热极了（6~8次）；我感到极度平静（1次）。做完一遍后，睁开眼睛，活动一下，抛掉沉重和燥热的感觉，然后再重复。在默读上面的句子时，想一想过去手臂真正感到热的情况，可以想象手臂正浸在盛满热水的澡盆里，或者想象夏天炎热的阳光晒着自己手臂的感觉，如果有必要，可以在两次练习之间把手臂放在热水盆里，然后大声对自己说"我的手臂正变得越来越热"，以此来获得这种热的感觉。也可以想象正在把躯干内的热量输送到四肢去。请注意，只有当上肢产生沉重感时，才可以开始做上肢的热感练习。

3. 心脏练习

首先做准备活动，简短地重复一下沉重感练习和热感练习，把每个短句念3~4遍，开始要仰面躺着感觉自己的心跳。在胸部、脖子或其他地方用手感觉心跳，也可以将右手放在左手腕动脉处感觉心跳。通常，当身体放松后可以直接感觉到心脏跳动，这时就默默地重复：我的胸部感到温暖舒适（6~8次）；我的心跳平缓稳定（6~8次）；我感到极度平静（1次）。这种练习要做两个星期，每天做2~3次，每次10分钟。

4. 呼吸练习

先做准备活动，然后重复下列各项：我的四肢变得麻痹、沉重和燥热（1~2次）；我的四肢越来越沉重和燥热（1~2次）；我的四肢沉重和燥热极了（1~2次）；我的心跳平缓而稳定（1~2次）；我的呼吸极为平稳（6~8次）；我感到极度平静（1次）。这种练习要做两个星期，每天做2~3次，每次10分钟。对自己的呼吸能成功地进行控制的标志是：进行一次轻体力活动，或者神经受到某种刺激后，仍能保持平缓和有节奏的呼吸。在这个练习的末尾，把“我感到极度平静”改成“平静渗透了我的身心”。

5. 胃部练习

它训练在内脏神经丛，即腰以上、肋以下胃部引起一种愉快的温暖感觉。先做准备活动，即简短重复沉重感、热感、心跳和呼吸练习，然后说：我感到胃部柔软和温暖（6~8次）；我感知极度平静（1次）。做这个练习时可以将右手放在内脏神经丛的部位，就会逐渐清晰地感觉到这种温暖感。有的人不念上面的句子，而说“我的内脏神经丛正散发着热量”。如果这句话更助于想象，也可以使用。这个练习做两个星期，每天2~3次，每次7~10分钟。当确实体会到胃部有温暖感时，说明已经掌握了这个练习。

6. 额部练习

它使额头产生一种凉爽的感觉。先做准备活动，像前面一样简短重复沉重感、热感、心跳、呼吸和胃部练习，然后说：我感到我的额头很凉爽（6~8次）；我感到极度平静（1次）。做这种练习时，可以想象一阵轻风吹过自己的面颊，使额头和太阳穴感到凉爽。体会一下这种感觉，在练习前站在空调或电扇前，大声对自己说：“我的额部感到凉爽”。当练习到确实能够感到这种凉爽感时，就说明掌握了这个练习。此练习进行两周，每天做2~3次，每次7～10分钟。

注意：不要骤然停止练习，每做完一遍练习，睁开眼睛，逐渐地开始活动。伸展一下四肢，活动一下关节，抛掉沉重感然后从事正常活动。

在重复前面的句子时，要精力集中和带有感情，使那些话融化到自己的意识中去，一边念句子，一边进行想象。沉重感和热感练习往往能使人处于舒服的昏昏欲睡的状态。这种方法能使人进入放松状态，当紧张感消除后，人的头脑应当更加灵敏。

下面是这几个练习的总公式：我感到四肢沉重和燥热；我的心跳和呼吸非常平缓和稳定；我的胃部柔软和温暖；我感到前额很凉爽；我感到极度平静。到最后，大多数人只要重复一两次上面的句子，就能使自己进入愉快、沉静的自然发生状态。不断地有规律地使用这些方法会使这种状态增强，在需要的时候使自己放松和处于最佳状态。为了巩固掌握这些技术，每天应该练习两次，每次5分钟。学会了这六个简单的练习，就掌握了最基本的自生法，一般都能很快体会到它的效果。每当需要的时候就可以用这种方法使自己迅速进入平静状态。

四、团体生物反馈心理辅导方案

对象选取：选取同一类问题同一病程阶段的求助者，需要平衡有动机者和无动机者。

工作原理：团体成员的相似经历可减少个体由症状引起的孤立感和差异性，让团体成员有最大限度的共同体验和“来对地方”的感觉；参加团体的成员会因同伴的压力而完成治疗师所要求的作业；团体环境也可使参与者形成积极的应对策略、相互学习、彼此强化。

工作目标：在放松的团体环境下，增强解决问题的能力，进行社会技能训练，改善社会功能。

第一次建立治疗联盟

- 团体成员介绍（包括治疗师）

（1）姓名和年龄。

（2）兴趣爱好。

（3）对团体的认识。

- 讨论并确定团体基本规则

（1）介绍团体生物反馈的原理、治疗特点和要求。

(2) 讨论团体目标。

(3) 确定团体次数、时间、频率。

(4) 确定团体规则。

• 治疗师介绍团体生物反馈仪

(1) 说明安全性，消除参与者的顾虑与恐惧。

(2) 佩戴头带，匹配个体，基线测试（音乐疗法）。

第二次呼吸与放松技巧的学习

• 佩戴头带，基线测试（音乐疗法）

• 呼吸训练

(1) 治疗师指导呼吸技巧。

(2) 治疗师陪同参与者一起练习呼吸放松。

(3) 治疗师询问并加强参与者呼吸的感受。

• 放松训练

(1) 治疗师陪同参与者一起练习呼吸放松。

(2) 治疗师询问并加强参与者呼吸的体验。

第三次放松训练

• 佩戴头带，基线测试（音乐疗法）

• 呼吸训练

• 放松训练

• 划船游戏

• 参与者对游戏技巧进行交流，讨论。

第四次解决问题训练

• 佩戴头带，基线测试（音乐疗法）

• 呼吸训练

• 放松训练

• 参与者提出自己病情的问题并展开讨论

(1) 对自己疾病的看法。

(2) 对药物治疗的作用及对药物的看法。

第五次解决问题训练

• 佩戴头带，基线测试（音乐疗法）

• 呼吸训练

• 放松训练

- 参与者继续提出自己的问题并展开讨论

治疗师可以适当引导参与者思考应对策略。

- 拔河游戏

第六次社会技能训练

- 佩戴头带，基线测试（音乐疗法）
- 呼吸训练
- 放松训练
- 告别过去

（1）对前五次治疗自我评估。

（2）治疗师指导参与者对“过去的自己”做个正确的认知。

第七次社会技能训练

- 佩戴头带，基线测试（音乐疗法）
- 呼吸训练
- 放松训练
- 未来的憧憬

治疗师指导参与者对“未来的自己”做个设想。

- 划船游戏

第八次社会技能训练

- 佩戴头带，基线测试（音乐疗法）
- 呼吸训练
- 放松训练
- 活在当下

（1）治疗师指导参与者对回到社会中再次碰到问题提出假想。

（2）分组扮演可能遇到的困难并讨论如何应对。

第九次社会功能恢复

- 佩戴头带，基线测试（音乐疗法）
- 呼吸训练
- 放松训练
- 拔河游戏
- 强化训练
- 合理情绪行为治疗（理性情绪疗法）

第十次社会功能恢复

- 佩戴头带，基线测试（音乐疗法）

- 呼吸训练
- 放松训练
- 划船游戏
- 团体讨论

（1）对十次团体活动的评估。

（2）对此次团体参与的感受。

注意事项：

（1）团体成员不能理解一些原理和放松技巧时，治疗师须复述和陪同练习。

（2）由于认知缺陷可能使个体回避参与活动。

由简单的活动和简单的封闭式活动开始以减少成员的无错感和挫败感，增加成员的反应；治疗师的任务就是为沉默者创造表达自己的机会，并使每个成员在会谈上都开口讲话；通过目光接触或对问题反馈等鼓励患者参与。

（3）针对妄想型精神分裂症求助者，由于其缺乏自知力，可能会通过否认自己有病来保持自尊。

治疗师应鼓励有较高自知力的成员分享他们的体验，示范如何在承认自己患有疾病的同时，依然可以自尊和健康地控制疾病。不用“精神分裂症”一词，而选用“我的病情”或“我的疾病”。询问患者是否曾有一些与疾病相关的体验，反映出他行为上的非逻辑性。这表示治疗师能接受患者的自身经历并照顾到他们的面子，携手前进。

（4）如果针对妄想型精神分裂症求助者，在整个疗程中，阳性症状加剧的成员会出现混乱言行。其他成员可指出该成员的混乱言行，并提醒他不要打断正常会谈，该成员可以离开。治疗师须和医生讨论其病情，再次评估他继续参与团体的可能性，并询问他的个人意见以及其他参与者的意见。

参考文献

1. 潘芳，吉峰. 心身医学 · 2 版. 北京：人民卫生出版社，2013.

2. 才永发. 病由心生. 北京：中央编译出版社，2008.

3. 曾文星. 文化与心理治疗. 北京：北京大学出版社，2002.

4. 中国就业培训技术指导中心，中国心理卫生协会. 心理咨询师. 北京：民族出版社，2012.

5. 邱鸿钟. 医学心理学. 北京：中国中医药出版社，2010.

6. 苑杰. 医学心理学. 北京：清华大学出版社，2013.

7. 李天心. 医学心理学. 北京：中国协和医科大学出版社，1998.

8. 邱鸿钟. 咨询心理学. 广州：广东高等教育出版社，2013.

9. 姜乾金. 医学心理学. 北京：人民卫生出版社，2006.

10. 杨艳杰. 生理心理学. 北京：人民卫生出版社，2013.

11. 彭聃龄. 普通心理学. 北京：北京师范大学出版社，2004.

12. 邱鸿钟. 临床心理学. 广州：广东高等教育出版社，2012.

13. 胡佩诚. 心理治疗. 北京：人民卫生出版社，2013.

14. 龚幼龙，严非. 社会医学. 上海：复旦大学出版社，2009.

15. 郝伟，于欣. 精神病学 · 7 版. 北京：人民卫生出版社，2013.

16. 张作记. 行为医学量表手册. 北京：中华医学电子音像出版社，2005.

17. 司天梅，舒良，田成华，等. 个体和社会功能量表中文版在精神分裂症患者中的信效度. 中国心理卫生杂志，2009（11）.

18. 袁勇贵，沈鑫华，张向荣，等. 多伦多述情障碍量表（TAS－20）的信度和效度研究. 四川精神卫生，2003（1）.

19. 钱洁，任致群，于德华，等. 患者健康问卷躯体症状群量表在综合医院的筛检价值. 中国心理卫生杂志，2014，28（3）.

20. 胡泽卿. 伪装精神障碍及其识别. 法律与医学杂志，2000，7（3）: